圖解 國中生物

五南圖書出版公司 印行

林懂、陳大為 著

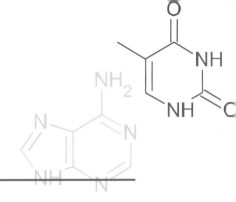

學生推薦序

【興大附中】羅雅瀞

　　從國一開始，我一直很喜歡生物，對它非常有興趣。但是在生物體的運輸作用這單元，我因為心臟跟循環系統這部分一直搞不清楚，常常將血管的位置記錯，使生物的成績下降，一直找不到方法解決。很慶幸後來遇到林懂老師，他用圖畫以及簡單的諧音法讓我能快速學習，並且記得每一個構造的位置與功用，且在課堂上常常帶給我們歡笑聲，讓我在上了一整天課後，還能保持良好精神好好學習，也讓我的生物成績有明顯的進步。在複習時，他會把各類相關的資料統整成表格，相對於冗長的課文，表格顯得簡單多了！因為林懂老師，讓我在會考的時候拿到理想成績，也順利考上好的學校，真的很感謝他！很開心老師出了《圖解國中生物》這本書，想要讀好生物嗎？看這本書就對了！很推薦國中的學生們閱讀，希望大家能多多支持喔！

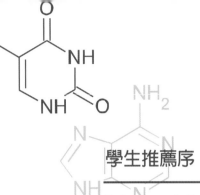

學生推薦序

【臺中一中】陳伯宗

　　從國中開始上林懂老師的課之後，就知道學習有事半功倍的方法，因為老師輕鬆有趣的上課方式，讓我總能在快樂自適的情況下，把自然學好，原本複雜枯燥的公式也被老師用簡單的例子變得生動易懂，讓這門大家頭痛的科目在老師的教學下變得容易許多，而我的國中成績也因此名列前茅，寫題目時也能迅速抓到精髓，真的很感謝老師。而且我也能在生活中實際體會及學以致用，在林懂老師的引領下，我的自然科方面的學習又更上層樓。今天老師出版了這本《圖解國中生物》，也希望大家能多多支持，從裡面抓到重點與考點，使自己能飛快進步，也期望大家能夠在本書裡學習到更多知識。

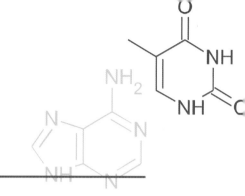

學生推薦序

【興大附中】林芸

升國三的暑假，面對日漸逼近的會考及課程繁雜程度的提升，逃避的念頭也油然而生，同學們有的坐立難安、有的埋頭苦幹，但似乎沒有一個能指引方向的明燈。

慶幸的是在此膠著的狀態遇上了林懂老師，第一次上課時我也是抱著死馬當活馬醫的態度的。畢竟理科的理論晦澀，除了記公式、刷題目，這麼長時間來也沒有人提供過好的解決辦法。但隨著時間的流逝，我對這堂課的熱情卻不減反增，每次幽默的講解讓人不會昏昏欲睡，還燃起了對下一堂課的期待，豐富程度就如同聽了酣暢淋漓的演講；特殊的口訣記憶、精簡的重點整理更是精準地掐在考點上。老師除了讓我從此對自然科改觀外，也極大的縮短了我課後複習的時間。

當對某件事物感到熱情時，就能免去許多心理上的障礙，從而更完美的達成目標。林懂老師就是扭轉我生命軌跡的一位貴人，因為他的教導，我的會考自然奇蹟似考到了A++的成績，順利考上了興大附中。幸運的學弟學妹們，如果你想讓原本的弱項變強項，強項更精進，記得帶走這本書，這將是改變學習狀態最好的選擇。

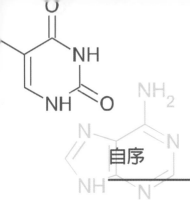

自序

　　有鑑於市面上介紹國中生物的書籍，多以冗長文字敘述為主，對學子而言稍嫌艱澀難懂，而且沒有結合考題趨勢，使得學生無法掌握準備應試方向。因此特地在太陽教育團隊領袖、自然科補教名師陳大為老師的指示下，有幸與五南圖書合作，出版了《圖解國中生物》。本書內容根據本人近20年非常豐富的教學經驗心得，並參考國外科學教育相關資料，如專業醫學、生物學、解剖學、遺傳學、演化學等內容，以豐富多樣的圖形說明、精心設計的排版方式，介紹分析國中生物的重點精華。每個單元後面搭配歷屆經典會考題目，讓讀者可以了解目前出題趨勢以及如何應對考題方向，因此絕對是國中學子升學考試最佳的指導書籍。另外，因為本書是以圖形為主軸模式，所以對於準備升私中的小五小六學生，也是不可或缺的應考寶典。

林懂　謹識

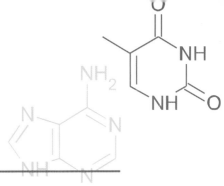

作者介紹

林懂　老師

學、經歷

太陽教育團隊自然科首席教師

國立陽明大學生化暨分子生物研究所

醫學系生化實驗設計指導助教

生化醫學實驗室安全防護訓練

公立中學15年以上自然科專任教師

北、中、南區補教機構18年以上自然科授課教師

任教於吳岳國文、台北儒林、文勝張毅、台中博森等

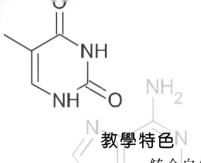

教學特色

統合自然領域三大科目‧特殊破解考題技巧‧獨門邏輯式記憶方法

因為豐富的教學經驗，讓我在授課時非常重視自然科學的邏輯。所謂「懂式邏輯」的教學內容，便是利用邏輯推理的分析方式，搭配詼諧生動的譬喻及因果關係，使枯燥乏味且艱澀的學理，可以自然而然的牢牢記憶住。

教學上也會強調生活的應用，因為生活即科學。我常對學生說：「不要用你以為，通常你以為的都是錯的。」凡是自然科學都有一套規則性，判斷事情要有依據，不是單純使用自己主觀認定，希望可以幫助導正學生一些似是而非的理論，並讓學生真正理解通透其背後的真正科學基礎。

在補教界近20年的時間，非常了解學生在一整天學校教育後，還要到補習班上課的疲累。因此在課堂上喜歡用幽默的舉例及親身的經驗，帶給學生歡笑聲，讓學生可以保持精神，使學習事半功倍。我也習慣會把各類相關的資料統整成表格，可以讓學生學習簡單化。

現今的教育策略一變再變，尤其108課綱的施行推廣所謂素養導向，其實在我的教學方式中早已進行許久。自然科不只是科學，更需要好的讀題能力，才能真正答其所問。所以同一道題目，我可以從物理、化學、生物、地球科學等不同方向來切入解說分析，強化學生的本質學能，而不是培養成解題機器，因此我的學生在自然科的學習道路上，絕對能夠穩紮穩打。

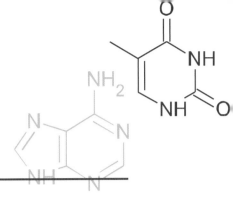

序言

你知道這個東西長的是什麼樣子嗎？

終於看見《圖解國中生物》出版了。

在國、高中自然學科中，由於升學大考的配分低，「生物」這門科目算是比較不會被重視，卻又不容易讀得好的一門學科。其實，問題的癥結就在於「無法想像」：明明是存在的事物，因為看不到，想像力就受到了侷限。

現代人喜歡看圖理解遠勝於文字閱讀，有鑑於此，在出版《圖解國中理化》之後，我們產生了製作《圖解國中生物》的想法：生物科應該是自然學科中，以「圖解」的比重最高的一科，太陽教學團隊生物學科學有專精的林懂老師與我都有這個想法，於是藉著林懂老師在生物科的高深造詣，精心製作了兩年，終於完成了這本書。

林懂老師與我希望：讀者讀過了這本書，可以對無法想像的生物學與生物構造有了恍然大悟地確認感，進而啟發對生物學科的興趣與志向；本書內容雖大多為國中生物科的範圍，但對高中程度的內容亦有適當補充與承先啟後。所以，《圖解國中生物》是一本適合普羅大眾、老少咸宜的好書！

你知道這個東西長的是什麼樣子嗎？看過了《圖解國中生物》就知道！

太陽教學集團總召集人 陳大為 謹識

民國109年夏

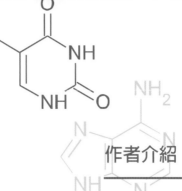

作者介紹

陳大為　老師

　　理化補教界中的太陽神，每年教導上千位國、高中學生，為目前全國最受肯定的自然科補教名師，上課風格節奏明快、幽默詼諧、課程重點針針見血，抓題精準，最擅長將課程重點彙整列表圖示，並以日常生活實例融入理化課程中，深受學生好評。曾同時為中國時報《97國中基測完全攻略密笈》乙書、「國三第八節」專欄理化科作者。著有《你也可以是理化達人》、《圖解國中基測理化》、《國中理化一點都不難》、《大學學測必考的化學22題型》、《行動化學館》系列、《國中理化TOP講義》、《國高中理化太陽講義》進度與總複習系列等。並譯有《超可愛化學》等系列叢書，現為太陽教育集團、全臺各大補習班理化名師，並任太陽教育集團總召集人。

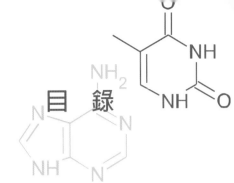

目 錄

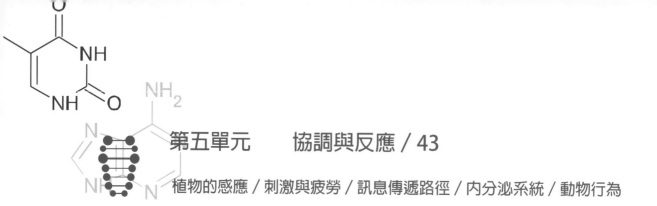

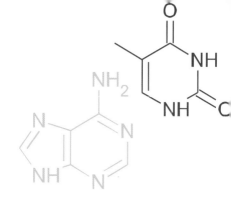

第一單元

生命的世界

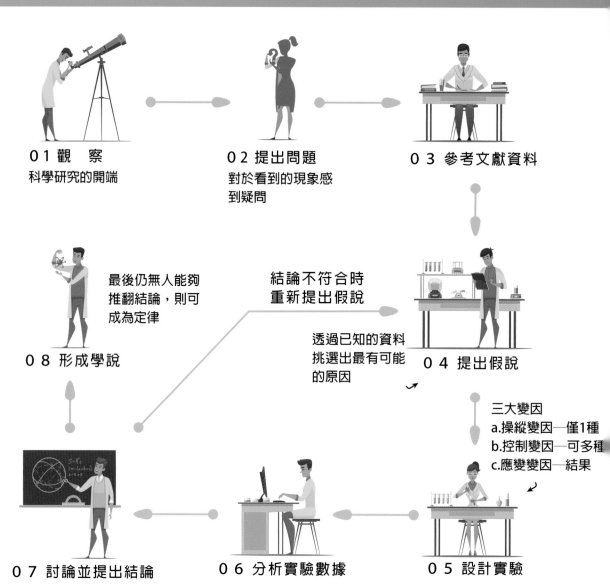

圖解國中生物

01 觀 察
科學研究的開端

02 提出問題
對於看到的現象感
到疑問

03 參考文獻資料

最後仍無人能夠
推翻結論，則可
成為定律

結論不符合時
重新提出假說

透過已知的資料
挑選出最有可能
的原因

08 形成學說

04 提出假說

三大變因
a.操縱變因─僅1種
b.控制變因─可多種
c.應變變因─結果

07 討論並提出結論

06 分析實驗數據

05 設計實驗

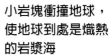

小岩塊衝撞地球，
使地球到處是熾熱
的岩漿海

甲烷CH$_4$

氨NH$_3$

氦氣He

氫氣H$_2$

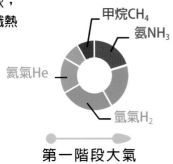

第一階段大氣

火山噴發活動密集
頻繁，並釋放出內
部氣體

第二階段大氣

二氧化碳CO$_2$

氮氣N$_2$

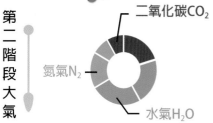

水氣H$_2$O

第三階段大氣

氬Ar
0.9%

氧氣O$_2$
21%

氮氣N$_2$
78%

所有的水匯集起
來，地球表面形成
陸地與海洋

地球表面漸漸冷
卻，大量水氣凝結
成雲並降下暴雨

生命誕生

生命四要素

日光　1 植物藉此行光合作用，製造養分。
　　　2 使地表溫暖，適合生物生活。
　　　3 生物的能量來源。

空氣　1 氧氣可使生物進行呼吸作用。
　　　2 二氧化碳可使植物進行光合作用。
　　　3 臭氧阻擋紫外線。

養分　1 生物行代謝作用所需物質。
　　　2 生物體內重要物質。

水　　維持生命的基本物質。

原始大氣受到閃電
及高溫作用，產生
構成生命體的重要
物質

隨著降雨進入海
洋，形成原始生命

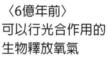

〈6億年前〉
可以行光合作用的
生物釋放氧氣

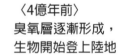

〈4億年前〉
臭氧層逐漸形成，
生物開始登上陸地

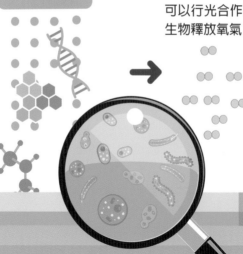

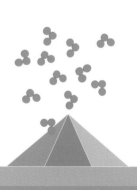

圖解國中生物

生物圈

地球上所有的生物體和其賴以生存的環境，合稱為生物圈。包含陸地、海域、低層大氣。

海平面以上10000公尺

生物圈的範圍會因為新發現生物的位置而修正，並非永遠固定不變。

生物適應環境的方式

視覺退化，利用回聲定位。

葉子成針狀，減少水分散失；莖肥厚，可儲存水分。

蝙蝠　仙人掌

變色龍　北極熊

生物的體色與所處環境極為相似。

身處北極，身體脂肪厚，可禦寒。

海平面以上10000公尺

海溝

第二單元

生物的組成

發現細胞

英國科學家虎克使用自製顯微鏡觀察軟木栓的薄片。
1 把這些小格子命名為細胞（cell）。
2 其所觀察到的，實際上是植物細胞死亡後留下的細胞壁。

虎克並非第一位製造
顯微鏡之人。

圖解國中生物

細胞學說

許旺、許來登提出
細胞是生物體構造和機能的基本單位。

世界上最大的細胞
為鴕鳥蛋

植物　　　　　　　　動物

物鏡
放大物體影像,為凸透鏡

高倍　　　　　　　　低倍

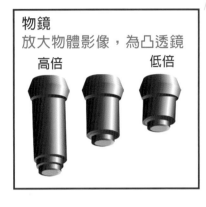

目鏡
放大物體影像,為凸透鏡

粗調節輪
用於一開始尋找正確焦距。透
過上下移動載物台,使物體靠
近或遠離物鏡。

細調節輪
用於最終高倍率時,尋找
物體正確焦距。

鏡臂
穩定的剛性結構。藉由顯
微鏡底部的U形腳支撐。

旋轉盤
將物鏡固定在適當的
位置,以便它們可以
方便更換。

載物檯
玻片標本放在此處,
包含一個或多個夾
子,以防止玻片移
動。

反光鏡
提供光源,以便可以
觀察標本。
 ┌ a. 平面:一般亮度,用於低倍時
 └ b. 凹面:較高亮度,用於高倍時

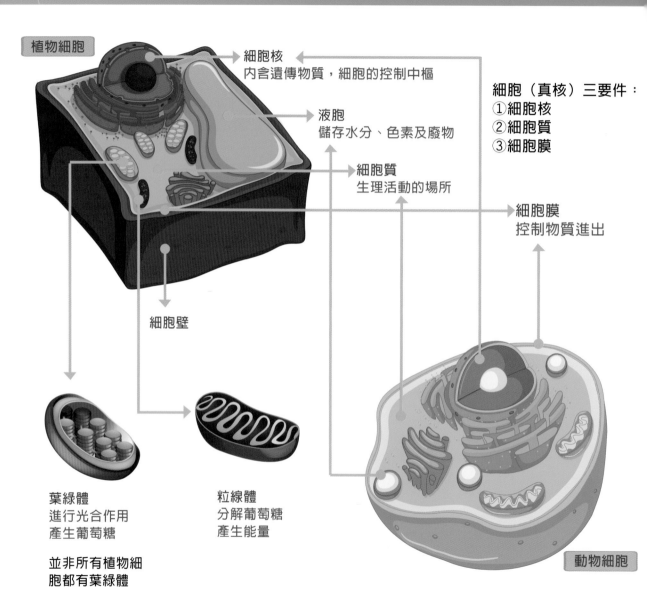

植物細胞

細胞核
內含遺傳物質，細胞的控制中樞

液胞
儲存水分、色素及廢物

細胞質
生理活動的場所

細胞膜
控制物質進出

細胞（真核）三要件：
①細胞核
②細胞質
③細胞膜

細胞壁

葉綠體
進行光合作用
產生葡萄糖

並非所有植物細
胞都有葉綠體

粒線體
分解葡萄糖
產生能量

動物細胞

圖解國中生物

擴散作用

在相同環境條件下，可自由移動的分子會由濃度高的地方向濃度低的地方移動，直到均勻分布在空間中，這樣的現象稱為擴散作用。

磷酸脂質

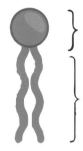

頭端
親水端

尾端
親油端

直接擴散

物質溶於水中後，直接穿越細胞膜，例如：氧氣和二氧化碳等。

特殊通道

利用細胞膜上特殊的運輸蛋白，才能通過細胞膜，例如：胺基酸和礦物質等。

細胞

簡單擴散	蛋　白　質　通　道

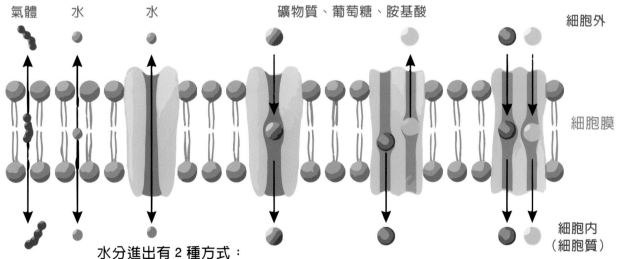

氣體　水　　水　　　　礦物質、葡萄糖、胺基酸　　　　　細胞外

細胞膜

細胞內
（細胞質）

水分進出有 2 種方式：
①直接擴散，不需能量
②蛋白質通道，耗能量

渗透作用

是水分子經細胞膜的擴散現象。它由高密度水分子區域（即低濃度溶液）淨移動至低密度水分子區域（即高濃度溶液），直到細胞內外的濃度平衡為止。

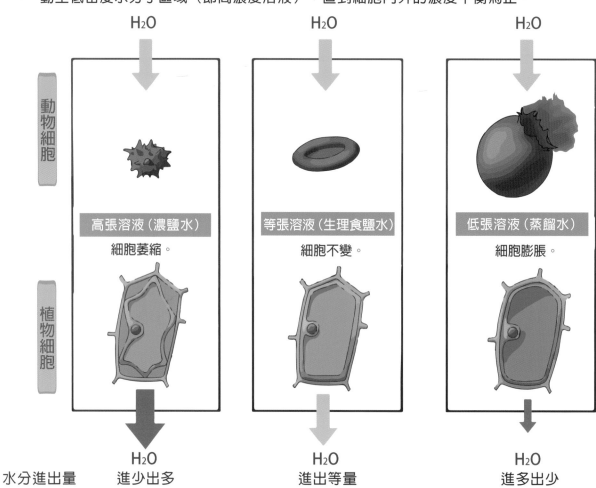

圖解國中生物

	高張溶液（濃鹽水） 細胞萎縮。	等張溶液（生理食鹽水） 細胞不變。	低張溶液（蒸餾水） 細胞膨脹。
水分進出量	H₂O 進少出多	H₂O 進出等量	H₂O 進多出少

生物層次

植物的器官可分為營養器官（包括根、莖和葉）和生殖器官（包括花、果實和種子）。

植物沒有器官系統層次。

葉肉細胞　　　　　葉肉　　　　　葉子　　　　　　　　植株

 → → → →

細　胞	→	組　織	→	器　官	→	器官系統	→	個　體

紅血球　　　　　血液　　　　　心臟　　　　循環系統　　　　人體

  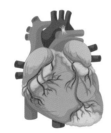 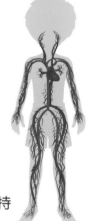 

單細胞與多細胞

單細胞生物 構造簡單，僅由單一個細胞獨立完成維持生命的所有活動。

多細胞生物 由多種具有特定形態及功能的細胞組合起來，彼此分工合作完成生命的運作。

2-2

甲、乙及丙為一臺複式顯微鏡上三種不同倍率的物鏡，其外型如附圖所示。小柏使用此顯微鏡觀察植物細胞，他利用乙物鏡觀察後，再轉換另一物鏡，結果視野下的細胞數目減少，有關他轉換後的物鏡及其視野範圍的變化，下列何者最合理？【105會考】　　ANS：D
(A)甲，視野範圍放大　(B)甲，視野範圍縮小
(C)丙，視野範圍放大　(D)丙，視野範圍縮小

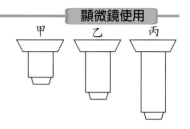

放大倍率愈大，視野下細胞數目愈少，視野範圍也會愈小。又物鏡愈長，放大倍率愈大，可知是由乙物鏡轉換為丙物鏡，因此最佳答案選(D)。

2-3

圖為植物葉肉細胞的構造示意圖，甲、乙、丙、丁分別代表細胞內不同的構造、則下列何者主要負責產生能量供細胞使用？【107會考】　　ANS：C
(A)甲
(B)乙
(C)丙
(D)丁

甲為細胞核，乙為液胞，丙為粒線體，丁為葉綠體。負責產生能量供細胞使用的是粒線體，因此最佳答案選(C)。

2-4

下列有關物質進出細胞的敘述，何者錯誤？　ANS：C
(A)氧可自由擴散進出細胞
(B)礦物質透過細胞膜上特殊的運輸蛋白進出細胞
(C)二氧化碳經分解後才可擴散進入細胞
(D)澱粉和蛋白質等大分子無法通過細胞膜

氣體與水可直接通過細胞膜，其他物質擴散需要分解成小分子，再透過細胞膜上的特殊蛋白質通道，因此最佳答案選(C)。

2-5　　　　　　　　　　　　　　　　　　　　　　　　　　　　　　滲透作用

若將人體的白血球及植物的保衛細胞分別置於兩杯蒸餾水中一段時間，關於哪一種細胞不會破裂及其原因，下列何者最合理？【108會考】　　　ANS：D
(A)白血球，因具粒線體　　　　　　(B)白血球，因具細胞膜
(C)保衛細胞，因具液胞　　　　　　(D)保衛細胞，因具細胞壁

將細胞置於蒸餾水中時，因細胞內的溶液濃度(水量少) > 細胞外(水量多)，因此水會從細胞外滲入細胞內，使細胞膨脹；而植物細胞因具有支持作用的細胞壁，故不會因水大量進入細胞內而破裂，因此最佳答案選(D)。

2-6　　　　　　　　　　　　　　　　　　　　　　　　　　　　　　生物層次

媽媽從市場買了一塊排骨肉。在生物學上，下列何者與排骨肉屬於不同的生物體組成層次？
(A)榕樹的維管束　　　　　　　　(B)鴨跖草葉的上表皮　　ANS：D
(C)人體口腔的皮膜　　　　　　　(D)豌豆莢中的豌豆

(A)(B)(C)為組織，(D)為器官，因此最佳答案選(D)。

第三單元

酵素與養分

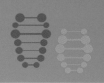

養分檢驗

	測 定 方 法	結 果 分 析
澱 粉	滴入黃褐色碘液。	變為藍黑色。
葡萄糖	加入藍色本氏液共熱。	變為綠→黃→橙→紅（含糖多）。
蛋白質	加熱。	凝固。
脂 質	滴在白紙或吸油面紙上。	有油漬痕跡。

碘液測定澱粉

澱粉檢驗

葡萄糖檢驗　加入本氏液隔水加熱

無糖　少糖　多糖

養　分

含有熱量
醣類、脂質、蛋白質能提供細胞所需的能量。

沒有熱量
維生素、礦物質及水，不能提供熱量，但對維持正常生命機能非常重要。

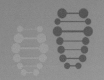

酵　　素　又稱酶，主要成分是蛋白質，可以改變生物體內的化學反應速率。

1 可加速物質的代謝作用。
2 具專一性。每一種酵素只能和特定的受質結合。例如澱粉酶能加速
　澱粉的分解反應，但不能加速纖維素的分解。
3 催化反應後，本身沒改變，故可反覆使用。
4 生物體外也有作用。

代謝作用

生物體內物質的分解和合成合稱為代謝作用。

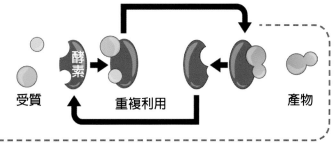

合成作用

較小分子轉變成較
大分子的反應
例如：光合作用合成
葡萄糖

受質　　酵素　重複利用　　產物

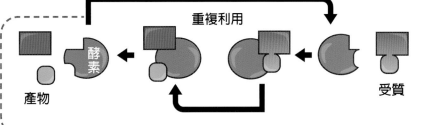

重複利用

分解作用

將較大分子轉變成較
小分子的反應。
例如：呼吸作用分解
葡萄糖，產生水、二
氧化碳及能量。

產物　　酵素　　受質

影響酵素活性的因素

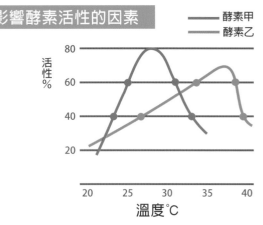

乙酵素對溫度的容忍程度較高。達到最佳活性時，甲酵素的溫度比較低。

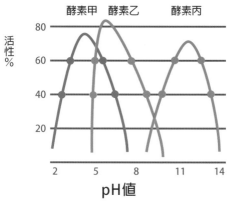

甲酵素在酸性環境具活性。在pH＝13時，丙酵素具有活性。

唾液澱粉酶實驗

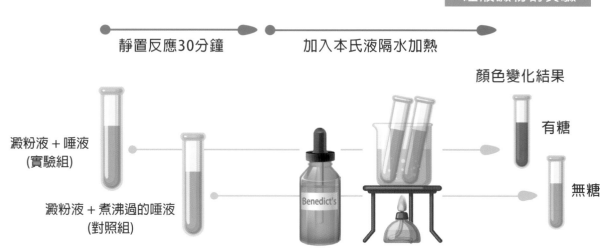

靜置反應30分鐘　　加入本氏液隔水加熱

顏色變化結果

澱粉液＋唾液（實驗組）

澱粉液＋煮沸過的唾液（對照組）

有糖

無糖

Benedict's

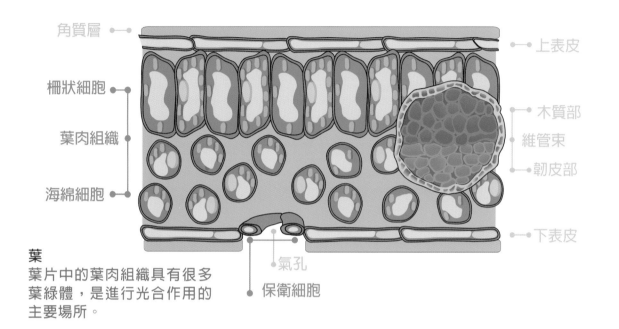

角質層 ─── 上表皮

柵狀細胞 ───

葉肉組織 ─── 木質部

海綿細胞 ─── 維管束

韌皮部

下表皮

氣孔

保衛細胞

葉
葉片中的葉肉組織具有很多
葉綠體,是進行光合作用的
主要場所。

保衛細胞與氣孔

保衛細胞
含葉綠體,可行光合作用。
陸生植物的保衛細胞多分布
於下表皮,可以控制氣孔的
開閉。

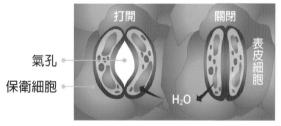

打開　　　　關閉

氣孔

保衛細胞

表皮細胞

H_2O

白天或潮溼　　夜晚或乾燥

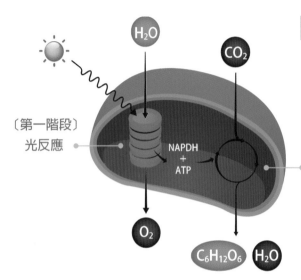

葉綠體與光合作用

葉綠體

吸收太陽能，將水和二氧化碳轉換成葡萄糖、氧氣和水的過程，稱為光合作用：

水＋二氧化碳→氧氣＋葡萄糖＋水

〔第一階段〕
光反應

NAPDH
＋
ATP

〔第二階段〕
碳反應
（卡爾文循環）

O_2

$C_6H_{12}O_6$　H_2O

圖解國中生物

光合作用與日光

局部貼上遮光膠帶

置入沸水
煮軟

置入酒精隔
水加熱

置入沸水
漂洗

滴加碘液呈色

實驗組：遮光區域
對照組：照光區域

使葉綠素
溶解出

去除殘
留酒精

懂字區域為淡黃色
⇒無澱粉產生
其他區域藍黑色
⇒有澱粉產生
因此證明光合作用需日光

| 消化作用 | 動物將攝入的食物溶解並分解成小分子的過程，稱為消化作用。 |

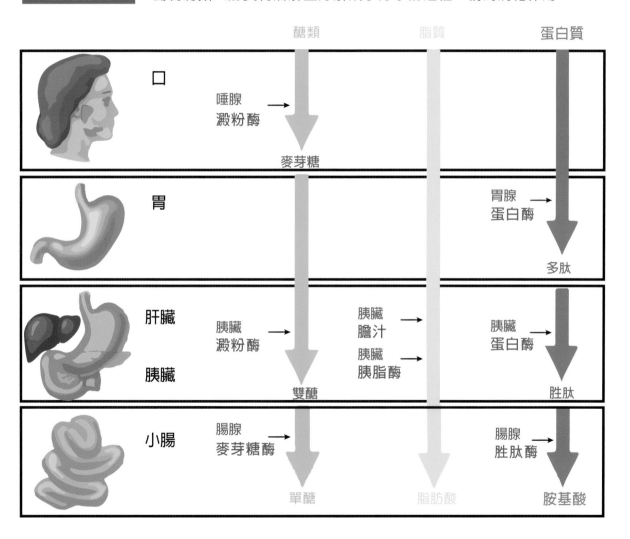

圖解國中生物

消化構造

食 泡

草履蟲以食泡消化攝入的營養物質，最後再將殘餘物質排出細胞外。

消 化 腔

水螅具有簡單的囊狀消化腔（有口、無肛門）並利用觸手攝食。

消 化 管

食物通過的場所

口腔
咀嚼食物，並利用舌頭將食物與唾液混合均勻

食道
推擠食物以蠕動方式進入胃

胃
暫存食物，有鹽酸可防止食物腐敗

小腸 主要進行消化及吸收物質，包括養分與水及礦質

大腸 吸收剩餘水分及形成糞便

肛門 排出糞便

消化腺

可分泌消化液的組織

唾腺
唾液：醣類（澱粉酶）

肝臟與膽囊

膽囊暫時儲存膽汁，膽汁與胰液皆經
導管注入小腸前端（十二指腸）中。

作用對象

肝臟	膽汁：脂質	#膽汁不具酵素，但其膽鹽可乳化脂質。
胃腺	胃液：蛋白質	
胰臟	胰液：醣類、蛋白質、脂質	
腸腺	腸液：醣類、蛋白質	

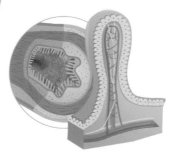

小腸絨毛

小腸內壁皺褶上的指狀突起稱
為絨毛，可增加吸收的表面
積。其內有微血管及乳糜管：
①微血管：吸收水溶性養分。
②乳糜管：吸收脂溶性養分。

3-2 ────────────────────────────────────── 酵　　素

唾液中的甲物質可催化澱粉的分解，胃液中的乙物質則可催化蛋白質的分解，若推測甲、乙兩物質本身的主要成分，下列敘述何者最合理？【104會考】　　　ANS：B
(A)甲、乙成分皆為澱粉　　　　　　　　(B)甲、乙成分皆為蛋白質
(C)甲成分為澱粉，乙成分為蛋白質　　　(D)甲成分為葡萄糖，乙成分為胺基酸

唾液中的澱粉酶可催化澱粉的分解，胃液中的胃蛋白酶可催化蛋白質的分解。澱粉酶與胃蛋白酶皆為酵素，酵素的主要成分為蛋白質，因此最佳答案選(B)。

3-3 ────────────────────────────────────── 酵素影響

若將人體唾液和胃液的pH值調整為6~7之間，再分別與澱粉液或葡萄糖液混合，如附圖所示。在適宜的溫度下，放置一小時後，滴入本氏液隔水加熱，推測下列哪一試管不會產生顏色的變化？【103會考】　　　ANS：C
(A)甲
(B)乙
(C)丙
(D)丁

甲　乙　丙　丁

唾液＋澱粉液　胃液＋澱粉液　唾液＋葡萄糖液　胃液＋葡萄糖液

甲為細胞核，乙為液胞，丙為粒線體，丁為葉綠體。負責產生能量供細胞使用的是粒線體，因此最佳答案選(C)。

3-6 ────────────────────────────────────── 養分分解

阿明早餐吃了麵包，下列何者可以消化麵包中的澱粉？　　　ANS：A
(A)唾液　　　(B)膽汁　　　(C)胃液　　　(D)大腸黏液

可以分解醣類營養素的消化液在唾液，胰液及腸液。澱粉屬於醣類營養素，所以以此判斷，因此最佳答案選(A)。

3-5

右圖是生物進行某種生理作用的示意圖，圖中箭頭代表能量或物質在葉片中的進出，此生理作用最可能是下列何者？【104會考】　　ANS：C

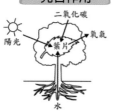

(A)呼吸作用
(B)蒸散作用
(C)光合作用
(D)觸發運動

(A)呼吸作用應是氧氣進入葉片與葡萄糖作用，水蒸氣和二氧化碳離開葉片；(B)蒸散作用應是水進入葉片，水蒸氣離開葉片；(C)光合作用是太陽能、二氧化碳、水進入葉片，氧氣離開葉片；(D)觸發運動是細胞內水分含量改變所致，因此最佳答案選(C)。

3-8

右圖為人體部分消化器官的示意圖，若老李體內的甲處發生阻塞，則下列關於他的消化及養分吸收功能，何者最可能發生？【106會考】　　ANS：C

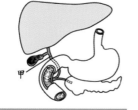

(A)胰液無法排至小腸內
(B)胃液無法分解蛋白質
(C)消化脂質的功能下降
(D)吸收葡萄糖的功能下降

肝臟分泌膽汁，儲存在膽囊，經甲處導管運送至小腸作用，而膽汁的功能是將脂質變成較小顆粒的脂肪球，因此老李體內的甲處發生阻塞，最可能影響脂質的消化功能下降，因此最佳答案選(C)。

第四單元

物質的運輸

水分的輸送

蒸散作用
水經由葉片的氣孔散失到大氣
的過程。
1 植物運輸水分的原動力
2 協助植物散熱

蒸散實驗

莖橫切，呈現紅色部分
為維管束。

取兩枝芹菜，一枝保
留葉片，一枝去除葉
片，分別放入量筒
中，並加入等量的紅
色溶液，靜置半小時
後，觀察結果。

葉脈
葉中的維管束，其内的木質部
在上處，韌皮部在下處。

毛細管作用
木質部内充滿著
水，形成連續的
水柱，當水分從
氣孔蒸散後會將
細管中的水分往
上拉。

根壓作用
植物體除蒸散作
用外，第二個為
水分抵抗重力流
動，提供動力的
過程。

保留葉片〔對照組〕
水面下降較多，表示
蒸散作用旺盛

去除葉片〔實驗組〕
水面下降較少，表示
蒸散作用不顯著

⇒ 結論：葉片為蒸散作用的主要部位

年　輪

木質部細胞的生長
受氣候影響，造成
細胞大小和顏色不
同，可推測年齡。

深色紋路：秋冬季長出，細胞小且深

淺色區域：春夏季長出，細胞大且淺

維管束組成

由篩管組成
韌　皮　部

養分是由韌皮部
運輸，運輸方向
為雙向。

由導管組成
木　質　部

水分及礦物質，
藉由木質部由下
往上輸送至莖及
葉。

維管束的排列

形成層
可以不斷分裂，
所以莖會加粗。

韌皮部　木質部

樹皮
形成層以外的部
分則稱為樹皮。

木材
逐年生長後，大量的木質部累積形成木材。

＊赤腹松鼠會將樹皮環狀啃食一圈，造成樹木養分運輸受損而死亡，稱為「環狀剝皮」。

擴散作用

構造簡單的生物如變形蟲,可
藉由擴散作用進行物質的交換
及運輸。

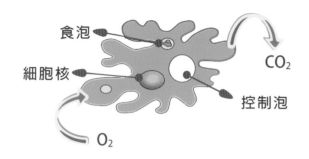

食泡
細胞核
控制泡
CO_2
O_2

開 放 式 ➡ 最大差別在於微血管
的有無。 ⬅ 閉 鎖 式

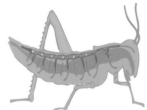

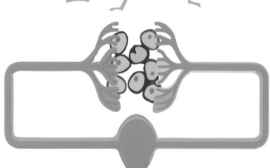

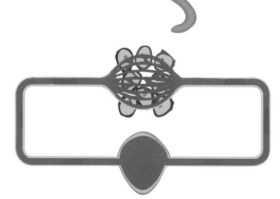

血液在循環的過程中會流出血管外,
血液直接與組織細胞接觸交換物質,
再流回心臟,交換效率較差。
例如:蝦、蜘蛛、昆蟲

血液在血管內沿著一定方向流動,不
會流出血管外,血液在組織細胞與微
血管間交換物質,交換效率較佳。
例如:蚯蚓、魚類、兩生類、哺乳類

成分分析

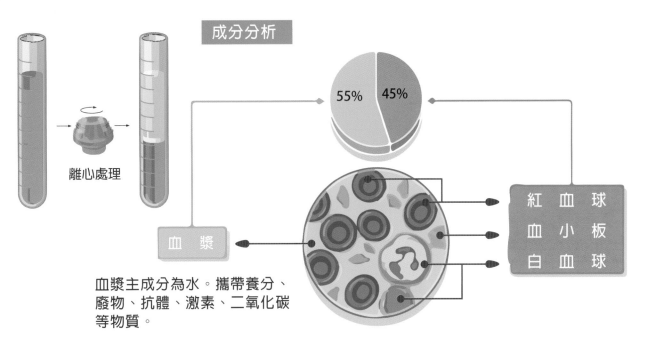

離心處理

55% 45%

血漿

血漿主成分為水。攜帶養分、
廢物、抗體、激素、二氧化碳
等物質。

紅 血 球

血 小 板

白 血 球

血球介紹

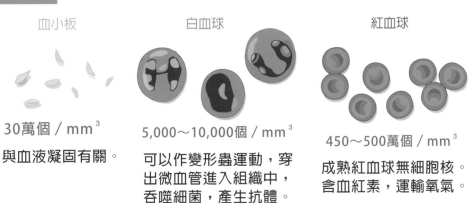

血小板

白血球

紅血球

30萬個 / mm^3

與血液凝固有關。

5,000〜10,000個 / mm^3

可以作變形蟲運動，穿
出微血管進入組織中，
吞噬細菌，產生抗體。

450〜500萬個 / mm^3

成熟紅血球無細胞核。
含血紅素，運輸氧氣。

＊血紅素也可與一氧化碳結合，使氧氣運送受阻，造成組織缺氧及中毒情況。

圖解國中生物

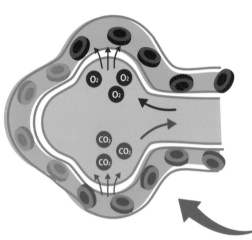

充氧血
氧氣量多，顏色
呈鮮紅色。

肺　循　環　（小循環）

主要為進行氣體交換，吸收
新鮮氧氣，排出二氧化碳

肺泡微血管
肺泡內氧氣濃度較高，可擴散
進入微血管中，而微血管內的
二氧化碳濃度較高，而移動至
胞泡。

循環路徑

減氧血
氧氣量少，顏色
呈暗紅色。

體 循 環 （大循環）

主要為進行組織細胞的養分與
氧氣之交換，及廢物的排除。

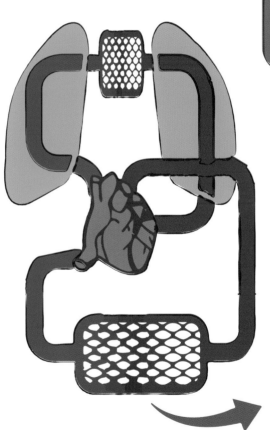

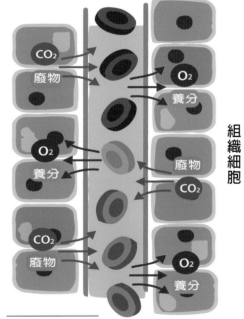

組織細胞

組織間微血管

微血管內的氧氣及養分提供給組織細
胞利用，而細胞代謝所產生的廢物及
二氧化碳透過微血管攜帶離開。

心 臟

人類心臟的構造分為四個腔室。心房和心室及心室和動脈之間有瓣膜，可防止血液倒流。

* 左心要將血液送至全身，因此肌肉厚度較右心厚上許多。

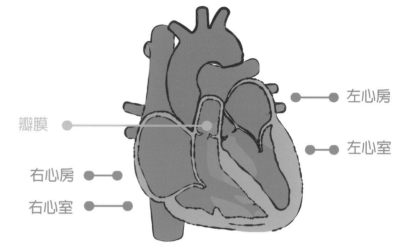

瓣膜

右心房
右心室

左心房
左心室

血 管 捐血、輸血、打針等，皆於靜脈進行。

靜脈

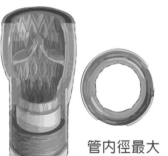

管內徑最大

將血液導入心房。血壓最小，其內具有瓣膜，可防止血液倒流。流速次之，彈性最差。

微血管

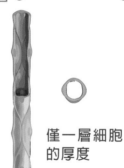

僅一層細胞的厚度

連接動脈與靜脈。血壓次之，流速最慢。管壁最薄，為組織細胞養分氣體交換的場所

動脈

管壁最厚

將血液送至各組織。血壓最大，流速最快，管壁最厚，彈性最佳。隨心臟搏動而產生脈搏。

淋巴最後導入靜脈中，完成淋巴循環，協助身體血液組成的穩定。

組織間液→淋巴液
血漿自微血管滲出，流入組織細胞間，當此液體滲入淋巴管後即稱為淋巴

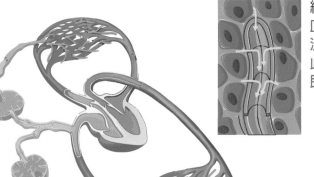

淋巴系統

淋巴結
淋巴管膨大的部分稱為淋巴結，當淋巴流經時，聚集於此的淋巴球（白血球）可過濾病原體。

淋巴管（微淋管）
淋巴的運輸通道，為前端封閉的管道。

尾鰭觀察

在複式顯微鏡底下，觀察尾鰭的微血管。

心臟

蓋上溼棉花，保持鰓部的水分供給，避免魚掙扎跳動或死亡。

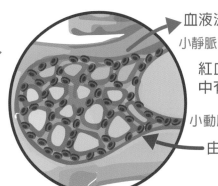

血液流回心臟
小靜脈
紅血球在微血管中有固定流向。
小動脈
由心臟而來

在複式顯微鏡的視野底下，會與實際方位上下左右相反。

4-1
　　　　　　　　　　　　　　　　　　　　　　　　　　　　　　水分運輸

林懂要把他家庭院中的樹木移植
到別處，他寫下移植樹木時的建
議及列出此建議的主要原因，如
附表所示，其中下列哪一要點的
建議與其主要原因不相符合？
【103會考】　　　ANS：B
(A)甲　(B)乙　(C)丙　(D)丁

要點	建議	主要原因
甲	夜晚時要進行移植比白天好	減少蒸散作用
乙	剪除部分的枝葉	幫助莖內的水上升至葉
丙	黏在根上的土不要移除	避免傷害根部構造
丁	移植後不要立即施撒高濃度的肥料	避免根部的水分流失

移植樹木時，為了避免水分過度流失，須適度修剪枝葉以減少蒸散作用。(B)剪除部分的枝葉是為了減少蒸散作用，使水分能保留在植物體中，因此最佳答案選(B)。

4-2
　　　　　　　　　　　　　　　　　　　　　　　　　　　　　　運輸構造

附圖為某種植物莖部橫切面的構造示意圖。已知「介殼蟲」是以此種植
物韌皮部中的汁液為食，若想分析介殼蟲所吸取的成分，則應選擇圖中
的哪一部位進行研究最合適？【104會考】　　　ANS：A
(A)甲　　(B)乙　　(C)丙　　(D)丁

由圖可得知甲為韌皮部、乙為木質部、丙為形成層、丁為較老的木質部。介殼蟲以此種植物韌皮部中營養汁液為食物來源，所以應選擇甲部位，因此最佳答案選(A)。

4-4
　　　　　　　　　　　　　　　　　　　　　　　　　　　　　　血球組成

林懂走路跌倒而破皮流血，流出的血液不久後就在傷口處凝結而止血，主要因下列何者作用所
致？(A)血漿　　(B)白血球　　(C)血小板　　(D)紅血球　　ANS：C

(A)血漿主成分為水。攜帶養分、廢物、抗體、激素、二氧化碳等物質；(B)可以做變形蟲運動，穿出微血管進入組織中，吞噬細菌，產生抗體；(C)與血液凝固有關；(D)成熟紅血球無細胞核。含血紅素，運輸氧氣。因此最佳答案選(C)。

4-3

動物體內物質的運輸需依賴循環系統完成，關於循環系統的比較下列何者錯誤？　　ANS：A

選項	開放式循環系統	閉鎖式循環系統
(A)	無血管構造	有血管構造
(B)	血液可與組織細胞直接接觸	血液不能與組織細胞直接接觸
(C)	物質交換效率較差	物質交換效率較佳
(D)	舉例：蜘蛛、蝦子、昆蟲	舉例：鯨、海豚、孔雀魚

不論是開放式或閉鎖式循環系統，都有血管構造。其之間最大差別在於開放式循環缺少微血管連接動脈與靜脈，所以血液會與組織細胞直接接觸，使得循環效率較差，因此最佳答案選(A)。

4-5

附圖為人體內甲、乙兩種器官各自的動脈及靜脈血液中氧氣含量之示意圖。根據此圖推測，紅血球從獲得氧氣到釋出氧氣的運輸過程中，有關血液流經甲、乙及心臟的途徑，下列何者最合理？
(A)甲→心臟→乙　　　　　　　　【104會考】　　ANS：C
(B)甲→乙→心臟
(C)乙→心臟→甲
(D)乙→甲→心臟

甲器官的動脈血液氧氣含量高、靜脈血液氧氣含量低，應該是肺臟以外的器官；乙器官的動脈血液氧氣含量低、靜脈血液氧氣含量高，應該是肺臟。紅血球在肺部乙獲得氧氣後，經肺循環流至心臟，再經由體循環運輸至其他器官甲，因此血液流動途徑應為乙→心臟→甲。因此最佳答案選(C)。

4-6

附圖是人體血液循環所流經的部分構造示意圖，圖中的乙為心臟，丁為肝臟。根據附圖，若只考慮甲、乙、丙、丁四構造，將血液從丁流到丙所經過的構造都依序列出，則下列何者正確？【103會考】　　ANS：C
(A)丁→乙→丙
(B)丁→甲→丙
(C)丁→乙→甲→乙→丙
(D)丁→甲→乙→甲→丙

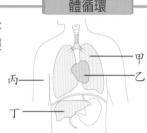

(A)血漿主成分為水。攜帶養分、廢物、抗體、激素、二氧化碳等物質；(B)可以做變形蟲運動，穿出微血管進入組織中，吞噬細菌，產生抗體；(C)與血液凝固有關；(D)成熟紅血球無細胞核。含血紅素，運輸氧氣。因此最佳答案選(C)。

4-7

右圖是人體心臟及其所連接的血管之示意圖，甲、乙為心臟右邊的腔室，丙、丁為心臟左邊的腔室。腦細胞的代謝廢物進入血液循環後，會最先到達圖中的哪一腔室？【108會考】　　ANS：A
(A)甲　　(B)乙
(C)丙　　(D)丁

甲為右心房，乙為右心室，丙為左心房，丁為左心室。腦細胞的代謝廢物會進入血液循環中的體循環，經由上大靜脈送回心臟，最先到達心臟中的右心房甲中。因此最佳答案選(A)。

4-7

人體血液循環中，物質不能從靜脈穿出，進入組織細胞中的理由為何？　　ANS：B
(A)靜脈的血流太慢　　(B)靜脈的管壁較厚
(C)靜脈的管壁缺乏彈性　　(D)靜脈中的血為缺氧血

進行物質交換的場所必須血管壁最薄，方便組織細胞與血液進行養分及氣體交換。而靜脈的管壁較厚，功用為將血液導入心房的血管（回心）。因此最佳答案選(B)。

4-8　淋巴系統

附圖為人體血液循環和淋巴循環的部分示意圖，甲、乙和丙為不同的管道名稱，圖中代表液體的流動方向，代表物質由微血管滲出。根據此圖判斷，甲、乙和丙內有無紅血球的敘述，何者最合理？

(A)僅甲、乙有　　　　　　(B)僅甲、丙有　　　　　【105會考】　ANS：B
(C)甲、乙、丙皆有　　　　(D)甲、乙、丙皆沒有

在血液循環當中，血液由心臟出發，依序流經動脈、微血管、靜脈再回到心臟，所以甲是靜脈、丙是動脈。部分血漿會從微血管滲出，進入淋巴管成為淋巴，淋巴最後流入靜脈回歸血液循環，所以乙是淋巴管。甲、丙中是血液，含有紅血球；乙中是淋巴，不含紅血球。因此最佳答案選(B)。

4-8　淋巴系統

右圖是血液循環圖，下列四位同學的敘述，何者錯誤？
(A)大雄：圖中血液的流向正確無誤
(B)宜靜：微血管可與組織細胞交換物質　　　　　ANS：D
(C)阿福：淋巴管和微血管應該不會相通
(D)胖虎：淋巴應改成血漿

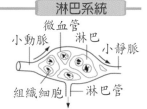

血漿自微血管滲出，隨即進入組織細胞間，稱為組織液，當此液體滲入淋巴管後即稱為淋巴，可藉由較大的淋巴管將淋巴導入靜脈中，完成淋巴循環，並協助身體血液組成的穩定。因此最佳答案選(D)。

第五單元

協調與反應

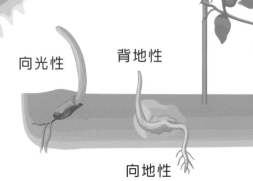

向　性

植物受到環境刺激後，會發生朝向或背離刺激方向生長的反應。

向光性

背地性

向觸性

向地性

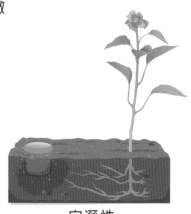

向溼性

生　長　素

向性是因為根、莖兩側生長不均，而造成彎曲生長所致，與生長素分布不均勻有關，彎曲方向朝較短的一側偏移。

生長素移動方向

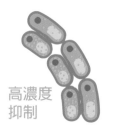

高濃度促進

高濃度抑制

根部細胞

生長素會抑制根部細胞生長，使生長變緩慢，局部區域長度較短。

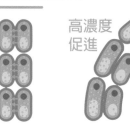

莖部細胞

生長素會刺激莖部細胞生長，使生長變加快，局部區域長度較長。

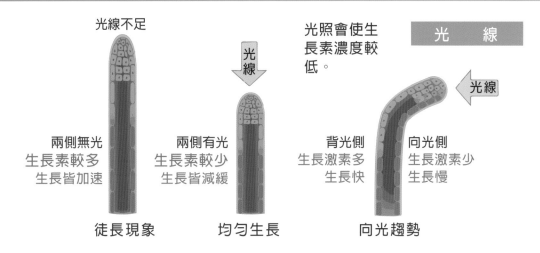

光線不足

兩側無光
生長素較多
生長皆加速

徒長現象

光線

兩側有光
生長素較少
生長皆減緩

均匀生長

光照會使生
長素濃度較
低。

光 線

光線

背光側
生長激素多
生長快

向光側
生長激素少
生長慢

向光趨勢

地球引力

造成下方細胞生長素濃度較高。

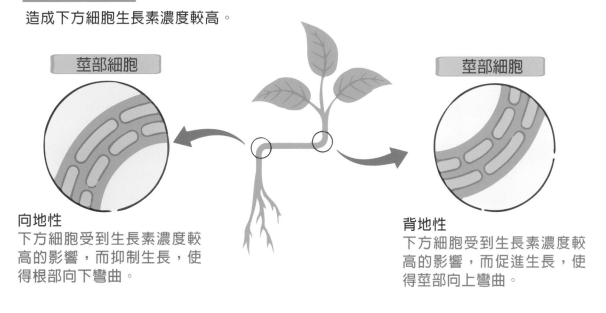

莖部細胞

莖部細胞

向地性
下方細胞受到生長素濃度較
高的影響,而抑制生長,使
得根部向下彎曲。

背地性
下方細胞受到生長素濃度較
高的影響,而促進生長,使
得莖部向上彎曲。

膨　　壓

細胞內含水分較多時，細胞膨脹而對細胞壁產生推擠的壓力，可使植物明顯而快速的感應。

失水狀態

萎靡

充水狀態

挺立

水

細胞壁

液胞

捕蟲運動

捕蠅草藉此反應可獲得氮元素，補充養分。

睡眠運動

酢漿草、含羞草於傍晚，葉片通常閉合。

白天

夜晚

氣孔開閉

夜晚或缺水時，氣孔關閉。
白天或多水時，氣孔打開。

吸水

膨脹

關閉

打開

觸發運動

含羞草葉片受碰觸後，立即閉合葉片。

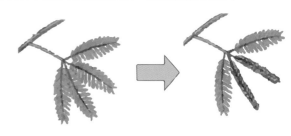

溫度感受的疲勞

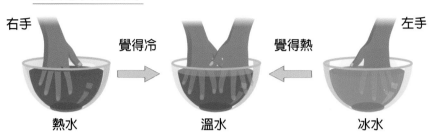

右手 　　覺得冷 　　　　覺得熱 　　左手

熱水 　　　　　溫水 　　　　　　冰水

1分鐘後,兩手同時置於乙杯中,左手感覺熱熱的;
右手感覺冷冷的。

感覺疲勞

有些受器若受到連續相同的刺激,可能會對原先刺激反應程度降低,甚至不會產生反應。如:入鮑魚之肆,久而不聞其臭,即為嗅覺上的疲勞。

視 覺 相 關

視覺疲勞

凝視物體過久,看到與原物體互補的顏色。

互補色
①藍色←→黃色
②綠色←→洋紅色(紅)
③紅色←→青色(綠)

紅、藍、綠可組成各種色光。

光的三原色

視覺暫留

也稱為正片後像,視網膜在光停止作用後,仍然保留一段時間的現象,使大腦可以感覺到產生畫面,其應用是電影和跑馬燈。

在快速轉換圖案過程,視覺上可感受到連續畫面的進行。

| 受 | 器 | 能夠幫助動物接受來自外界的刺激。 |

色盲檢查表，可初步判斷對於顏色間的區分是否正常。

鼻腔內部必須保持溼潤，使氣味分子能夠溶入水中，接收器才能分析。

視覺

眼睛能接受光線的刺激，並將訊息傳送至腦，引起視覺。

嗅覺

哺乳動物的鼻腔內有接收器，可以接受氣味分子的刺激。

圖解國中生物

兩眼在前——立體視覺
兩眼位布臉部前方所產生的雙眼視覺（立體），有助於判斷物體的形狀及距離，如人類。

立體區

雄蛾可透過觸角接收雌蛾釋放的費洛蒙物質

蛾類

觸角
昆蟲的觸角具有嗅覺受器。

兩眼在測——平面視覺
牛、羊、魚類等動物，眼睛位於頭部兩側，能觀察到較廣的視覺範圍。

蝴蝶

外耳殼可以將聲
音攔截並反射進
入耳朵中，增加
聽覺感受。

聽覺

聽覺受器大多位於耳朵，可以接受聲
音的刺激。人類聽覺頻率範圍為20～
20,000Hz。

超聲波
蝙蝠、海豚和鯨能夠發出超聲波，利用回
聲定位來測知獵物的距離、方向，以及障
礙物所在。

味覺

舌頭上分布著味蕾，是味覺
的重要器官。

味毛
蒼蠅的味覺器官在腳
上，稱為味毛，只要
用腳踏一踏食物，就
能嘗出味道。

皮膚是全身分布
最廣的器官。

觸覺

皮膚
具有多種受器，可以分辨
不同種類的刺激，例如
冷、熱、壓、痛等。

神經細胞

簡稱神經元,是組成神經系統的基本單位,分為細胞本體及神經纖維兩部分。

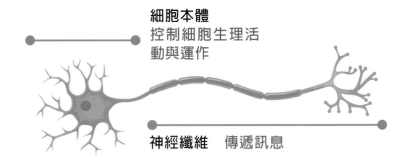

細胞本體
控制細胞生理活動與運作

神經纖維 傳遞訊息

周圍神經(PNS)
其他負責傳遞訊息的神經,稱為周圍神經。

中樞神經(CNS)
腦和脊髓是整個神經系統的中樞,又稱為中樞神經。

腦神經

人體由腦發出的神經共有12對,分布於頭部、頸部及部分內臟等部位。

脊神經

由脊髓發出的神經有31對,分布於軀幹、四肢及內臟。

神經系統

由受器、動器、周圍神經及中樞神經所組成,使個體能感應外界環境變化而快速作出反應。

腦 部

大腦 〔意識中樞〕
1 下達命令的主要中樞,主管思考、學習、記憶、感覺、語言及運動。
2 大腦愈發達,學習能力愈強。
3 分為左右兩半球,左半球控制右半身活動;右半球控制左半身活動。
4 疾病代表:植物人。

小腦 〔平衡中樞〕
1 協調全身肌肉的活動,維持個體平衡。
2 動作敏捷的動物,小腦發達。
3 藉由訓練可促進小腦功能發達。
4 疾病代表:小腦萎縮症。

腦幹 〔生命中樞〕
1 與心搏、呼吸、血壓的調節有關。
2 控制吞嚥、咳嗽、打噴嚏、眨眼、嘔吐、唾液分泌等反射作用。
3 腦幹受損易導致死亡。
4 疾病代表:腦死。

脊 髓

1 腦與軀幹間的訊息傳導,將受器傳來的訊息傳達到腦,並將腦部的命令傳達到動器以產生反應。
2 主管四肢與軀幹之反射作用。
3 疾病代表:車禍癱瘓。

| 受器
Receptor | → | 周圍神經系統
（感覺神經）
PNS | → | 中樞
（神經系統）
CNS | → | 周圍神經系統
（運動神經）
PNS | → | 動器
Effector |

圖解國中生物

意識行為

看試卷題目寫考卷
眼 > 感覺神經 > 大腦 > 脊髓 > 運動神經 > 手部肌肉

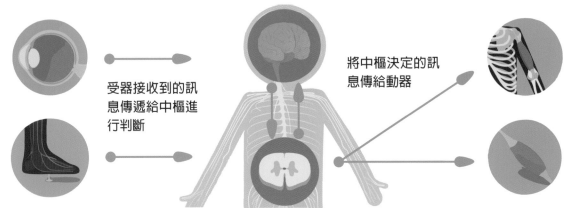

受器接收到的訊息傳遞給中樞進行判斷

將中樞決定的訊息傳給動器

反射行為

腳踩圖釘，立即縮回
腳底皮膚 > 感覺神經 > 脊髓 > 運動神經 > 腿部肌肉

接尺實驗

由看到尺落下至接住尺的長度來推測反應時間的長短

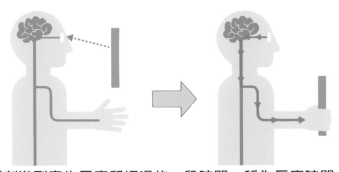

從接受刺激到產生反應所經過的一段時間，稱為反應時間。反應時間可透過多次的練習，縮短對於刺激所需作出動作的時間

內　分　泌

藉由產生特定的化學物質，通稱為激素，又稱荷爾蒙。由血漿運送至作用部位的細胞，控制和調節細胞的活動。

比較
- 神經系統
  反應較為迅速但局部
- 內分泌系統
  反應較緩慢但廣泛

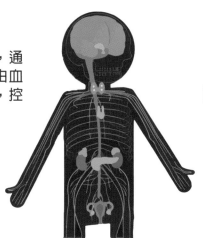

腦　垂　腺

促＊＊分泌素
可以調控其他內分泌腺，為內分泌系統的主宰。

生長素
控制垂直方向生長發育。
侏儒症（少）／巨人症（多）

甲　狀　腺

甲狀腺素
調控細胞能量代謝，與水平方向生長（胖瘦）有關。
呆小症(少)／甲狀腺亢進（多）

副甲狀腺

副甲狀腺素
調節體內血中鈣與磷濃度，與骨骼肌肉相關。

性　腺

卵　巢　　　　睪　丸

雄激素／雌激素
性徵表現及生殖行為相關。

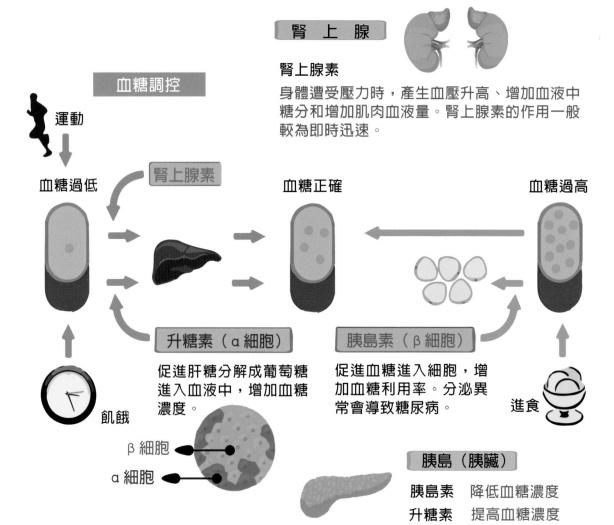

腎上腺

腎上腺素

身體遭受壓力時，產生血壓升高、增加血液中糖分和增加肌肉血液量。腎上腺素的作用一般較為即時迅速。

血糖調控

運動

血糖過低

腎上腺素

血糖正確

血糖過高

升糖素（α 細胞）

促進肝糖分解成葡萄糖進入血液中，增加血糖濃度。

胰島素（β 細胞）

促進血糖進入細胞，增加血糖利用率。分泌異常會導致糖尿病。

進食

飢餓

β 細胞

α 細胞

胰島（胰臟）

胰島素　降低血糖濃度

升糖素　提高血糖濃度

鮭魚產卵
在淡水環境下孵化誕生，之後遷移到海水
生長成熟，最後又會洄游到淡水繁殖。

舞蹈
蜜蜂利用飛行方式指引同伴目
標物的方向與距離。

洄　游

溝　通

本能行為　　與生俱來、不需要學習，比較不受環境影響。

趨　性

遷　徙

育　幼

飛蛾撲火
飛蛾有趨光性行為，但非
趨光性昆蟲。
撲火的表現是因為人造光
源屬放射狀型式。

候鳥過冬
冬季來臨時，特定鳥類會
遷移至較低緯度地區度過
寒冬。

親鳥哺幼
部分鳥類屬於晚成鳥，剛
孵出的雛鳥必須靠親鳥的
餵養才能存活。

貓　　海豚　　黑猩猩　　人類

學習行為　學習能力與腦部發達的程度有關，但與腦部大小無絕對關係。

圖解國中生物

一般學習

老鼠走迷宮 ● ———— ● ———— ● 海豚表演

起點

終點

狗接飛盤

印　痕　某些生物出生以後會緊跟著牠第一眼見到的，較大的可移動物體而走

雁鴨從蛋中孵化出來時，會將牠第一眼看到會動的東西當成父母且追隨。

制 約 行 為

當兩件事物經常同時出現時，大腦對其中一件事物的記憶會附帶另外一件事物。

古典制約

看見食物流口水

對哨聲無反應

給食物時同時吹哨子

對哨聲流口水

操作制約

綠燈時，壓桿子給食物
鼓勵綠燈壓桿子

紅燈時，壓桿子被電擊
禁止紅燈壓桿子

5-2
莖的向性

將種有植株的兩相同盆栽，分別放在甲、乙兩個獨立的黑暗房間內，且將光源擺放在不同位置照射植株，經一段時間後，其生長狀況如左圖所示。若此時把光源移開，再經一段時間後，觀察莖的生長方向。若右圖為預測莖生長方向的示意圖，則下列有關甲、乙兩處的莖生長之敘述，何者最合理？

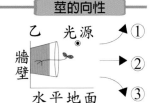

【107會考】　　　ANS：A

(A)兩處的莖皆如 1 生長　　　　　　(B)兩處的莖皆如 2 生長
(C)甲處的莖如 1 生長；乙處的莖如 3 生長　(D)甲處的莖如 3 生長；乙處的莖如 1 生長

植物莖對光源的刺激具有向光性，對地球引力的刺激則具有背地性。當移開光源後，莖部位只會受到地球引力的刺激而朝背離地球引力的方向生長，所以甲、乙兩處的植物莖部皆向上生長，如圖中①的方向。因此最佳答案選(A)。

5-3
膨壓與反應

含羞草的小葉受碰觸時，會立刻閉合，此反應與下列何者有關？　　　ANS：A

(A)膨壓發生變化　　　　　　(B)地球引力的刺激
(C)生長素分布不均　　　　　(D)光照時間長短的影響

植物細胞內含水分較多時，細胞膨脹而對細胞壁產生推擠的壓力，稱為膨壓。可使植物明顯而快速的感應。因此最佳答案選(A)。

5-4
感覺疲勞

「對溫度的感覺」之實驗原理與下列何者不同？　　　ANS：A

(A)花生香酥脆，愈吃愈有味　　　　(B)入鮑魚之肆，久而不聞其臭
(C)入芝蘭之室，久而不聞其香　　　(D)鞋中有小石，久而不覺難受

有些受器若受到連續相同的刺激，可能會對原先刺激反應程度降低，甚至不會產生反應的感覺疲勞現象。因此最佳答案選(A)。

5-6

生活在陰暗山洞內的蝙蝠是利用什麼來尋覓食物或避開障礙物？　　ANS：C
(A)雙眼視覺　　(B)觸角的嗅覺　　(C)回聲定位　　(D)皮膚的觸覺

蝙蝠、海豚和鯨能夠發出超聲波，利用回聲定位來測知獵物的距離、方向，以及障礙物所在。因此最佳答案選(C)。

5-8

關於人體神經中樞與其控制的反應，下列配對何者正確？　　ANS：C
(A)大腦──膝反射　　(B)小腦──產生後像　　(C)腦幹──唾腺分泌　　(D)脊髓──接尺反應

(A)主管思考、學習、記憶、感覺、語言及運動；(B)協調全身肌肉的活動，並維持個體平衡；(C)控制吞嚥、咳嗽、打噴嚏、眨眼、嘔吐、唾液分泌等反射性的動作；(D)主管四肢與軀幹之反射作用。因此最佳答案選(C)。

5-9

小玫聽到電話鈴聲後，趕緊拿起話筒接聽且回答。與上述過程相關的神經系統運作之敘述，下列何者最合理？【103會考】　　ANS：D
(A)聽到鈴聲的感覺由耳朵產生　　　　(B)回答的語句由腦幹產生
(C)拿起話筒的速度由脊髓決定　　　　(D)是否接聽電話由大腦決定

大腦主管感覺、運動、語言、思考等有意識的行為。因此最佳答案選(D)。

5-9

下列何者指的是反應時間？　　ANS：A
(A)眼睛看到尺掉下後用手去接　　　　(B)眼睛看到尺落下的一剎那時間
(C)感覺神經傳到腦，再命令手去接尺　　(D)訊息由大腦傳到運動神經再到手，令手去接尺

從接受刺激到產生反應所經過的一段時間，稱為反應時間。因此最佳答案選(A)。

5-9
傳遞路徑

當小庭看到驚悚畫面時，兩眼直視但身體刻意保持不動，而小瑋看到驚悚畫面時，則是大聲尖叫且用手遮眼。比較兩人從接受刺激到產生反應的相關敘述，下列何者最合理？
(A)兩人的反應都是屬於反射作用　　　　　　　　　　　　　　　　【104會考】　　ANS：B
(B)兩人的反應都有藉著肌肉來表現
(C)小庭在此過程中的受器是眼睛；小瑋的受器則是手
(D)小庭只有感覺神經參與傳導；小瑋只有運動神經參與傳導

(A)兩人的反應都屬於意識行為；(B)(C)(D)兩人都是看到驚悚畫面，受器都是眼睛，又兩人的反應都藉由肌肉來表現，反應過程中，感覺神經和運動神經皆參與傳導。因此最佳答案選(B)。

5-10
系統比較

下列有關神經系統和內分泌系統的比較，何者正確？　　　ANS：C

選項	神經系統	內分泌系統
(A)作用時間	持久	短暫
(B)作用效率	緩慢	迅速
(C)作用範圍	身體局部區域	身體整體影響
(D)訊息傳導方式	由血液傳導	由神經細胞傳導

神經系統的訊息是透過神經細胞來傳遞，反應較為迅速；內分泌系統是藉由產生特定的化學物質，由血漿運送至作用部位的細胞，控制和調節細胞的活動，反應較緩慢。因此最佳答案選(C)。

5-11
外分泌與內分泌

下列何者既可分泌激素，又可分泌消化液？　　　ANS：A
(A)胰臟　　(B)肝臟　　(C)腎上腺　　(D)腦垂腺

胰臟既可以分泌消化液，也可以分泌內分泌激素。因此最佳答案選(A)。

5-11

右圖為橘子血糖濃度的資料。橘子攝食後，血液中葡萄糖濃度如何變化？
分泌甲為何種激素？　　　ANS：C
(A)上升，分泌甲是升糖素
(B)降低，分泌甲是胰島素
(C)上升，分泌甲是胰島素
(D)降低，分泌甲是升糖素

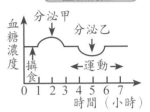

胰島素可使血糖形成肝糖儲存，並增加細胞利用血糖的效率。升糖素可使肝糖轉變成血糖。腎上腺
分泌腎上腺素，可使肝糖轉變成血糖，主要用於應付緊急情況。因此最佳答案選(C)。

5-13

(甲)蜻蜓點水；(乙)蚊子的正趨光性；(丙)鮭魚洄游；(丁)黑面琵鷺到臺灣過冬；(戊)海洋公園的海
豚依指示表演跳水；(己)幼獅在遊戲中練習打鬥；(庚)螢火蟲發光；(辛)猩猩拿刀叉吃西餐。以上
敘述有哪幾種是屬於本能行為？　　　ANS：A
(A)五種　　　(B)六種　　　(C)七種　　　(D)八種

與生俱來、不需要學習，也比較不受環境影響的行為，稱為本能。學習行為必須經過學習而來，而
動物具有學習能力通常和腦部發達的程度有關。因此最佳答案選(A)。

第六單元

控制與恆定

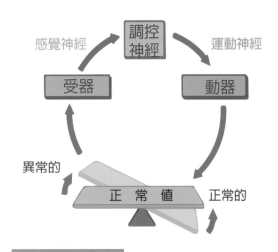

感覺神經　調控神經　運動神經

受器　動器

異常的　正常值　正常的

恆 定 性

動物透過神經和內分泌系統的協調控制，使體內各項生理環境都保持在一定範圍內。

植物的調控

葉片平行光源方向。

蒸散作用。

葉片反射光線。

植物可由生理特性或生長方式來減少過多的熱量吸收。

體溫型式

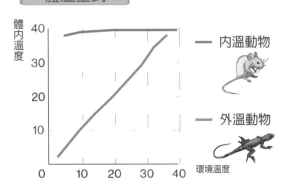

體內溫度

內溫動物

外溫動物

環境溫度

內溫動物：身體有體溫調節中樞，可以透過自行產熱或生理散熱機制，使體溫維持在一定範圍。

體溫調控

外溫的調控

曝曬太陽

躲藏遮蔽

增加熱能

降低熱能

貼地傳熱

外溫動物：身體無法整調體溫的高低，需藉由外在所處的環境來使體溫維持在適合的狀態。

內溫調控

內溫動物的腦部（下視丘）有體溫調節中樞。

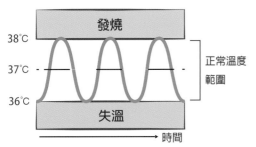

汗毛運作

感覺冷時，豎毛肌收縮，使得汗毛立起，出現疙瘩。

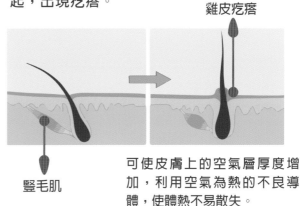

可使皮膚上的空氣層厚度增加，利用空氣為熱的不良導體，使體熱不易散失。

調控機制

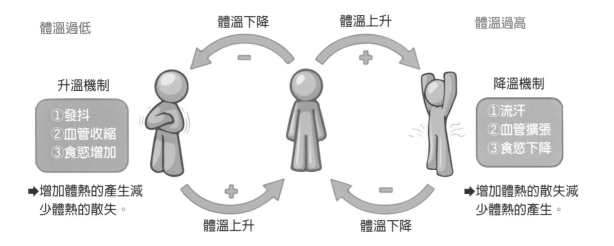

體溫過低

升溫機制
① 發抖
② 血管收縮
③ 食慾增加

➡增加體熱的產生減少體熱的散失。

體溫下降 ⊖
體溫上升 ⊕

體溫上升 ⊕
體溫下降 ⊖

體溫過高

降溫機制
① 流汗
② 血管擴張
③ 食慾下降

➡增加體熱的散失減少體熱的產生。

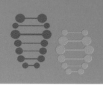

簡單擴散

單細胞生物或小型水生生物可以藉擴散作用直接從周遭環境取得氧氣，同時也排出二氧化碳。

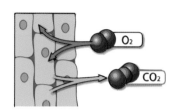

1 潮溼的表面以利氧氣溶入。
2 充足的血液流過才能將氧氣帶至全身各處。
3 換氣表面積廣大。

呼吸構造

書肺（蜘蛛）

氣管（昆蟲）

外鰓（蠑螈）

內鰓（魚類）

肺臟（哺乳類）

圖解國中生物

魚類的鰓

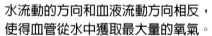

水流動的方向和血液流動方向相反，使得血管從水中獲取最大量的氧氣。

當魚在水中游動時，水由口中進入，經過鰓，然後藉由鰓蓋的拍動使水流出魚體，水經過鰓時，位在鰓絲上的鰓片之微血管藉由擴散作用，和水進行氣體交換的工作（將水中的氧氣移入血管中，把血管內的二氧化碳釋放到水中）。

莖　　　　葉　　　　　　根
皮孔　　　氣孔　　　　　根毛

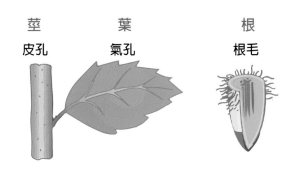

植物的氣體進出

植物可藉由根、葉、樹幹上的構造，讓空氣進出植物體內。
植物的根一般而言不可完全浸泡在水中，會使根部的氣體進出受阻而死亡。

呼吸運動

肺臟本身不具肌肉，肺的脹縮是利用胸腔的擴大與縮小來完成。

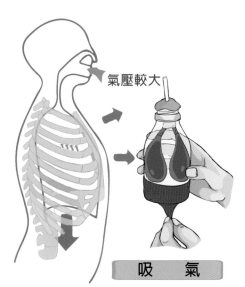

氣壓較大

吸　氣

橫隔往下，肋骨往上，肺部壓力變小，外界空氣進入。

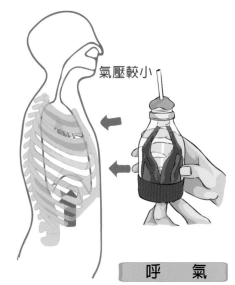

氣壓較小

呼　氣

橫隔往上，肋骨往下，肺部壓力變大，肺內氣體排出。

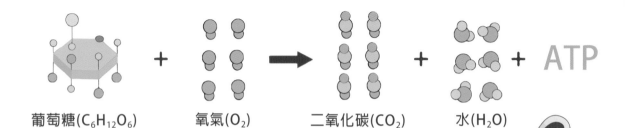

葡萄糖($C_6H_{12}O_6$) + 氧氣(O_2) → 二氧化碳(CO_2) + 水(H_2O) + ATP

呼吸作用

細胞內的養分在粒線體中被分解，而釋出能量的過程。

二氧化碳檢驗

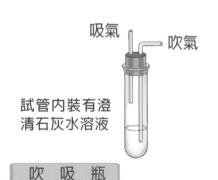

吸氣
吹氣

試管內裝有澄清石灰水溶液

吹 吸 瓶

吸氣：檢驗空氣中的二氧化碳。（較慢混濁）
吹氣：檢驗口中吐出的二氧化碳。（較快混濁）

導入澄清石灰水中檢驗

萌芽實驗

倒入清水，擠出錐形瓶中的氣體，若為萌芽綠豆，則石灰水變混濁。

植物控水機制

泌液作用

根部吸水太多或空氣潮溼，過多的水會由葉緣排出。一般發生在清晨時刻。

防水構造

1 葉表皮外具角質層
2 氣孔多位於下表皮
3 氣孔關閉
4 莖上的樹皮

水分再吸收

一般環境

沙漠缺水環境

動物控水機制

防水構造

爬蟲類 / 鱗片及骨板

腎皮質

腎髓質

近皮質腎元

較少水分回收

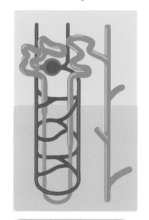

近髓質腎元

較多水分回收
減少水分流失

哺乳類 / 皮膚角質層

昆蟲 / 外骨骼等

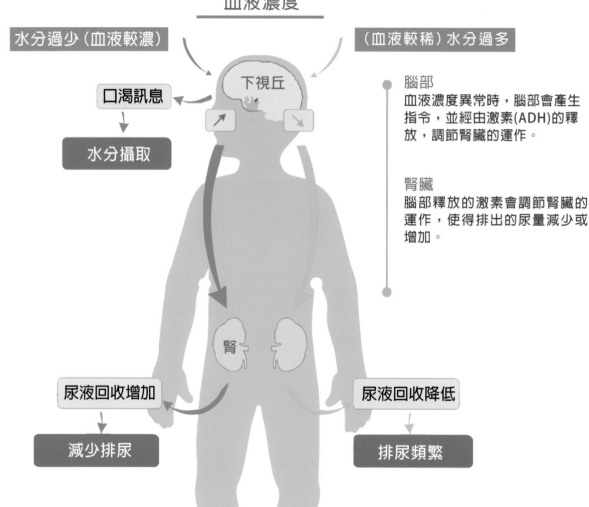

血液濃度

水分過少（血液較濃）　　　　　　（血液較稀）水分過多

下視丘

口渴訊息

水分攝取

腦部
血液濃度異常時，腦部會產生指令，並經由激素(ADH)的釋放，調節腎臟的運作。

腎臟
腦部釋放的激素會調節腎臟的運作，使得排出的尿量減少或增加。

腎

尿液回收增加　　　　　　尿液回收降低

減少排尿　　　　　　排尿頻繁

排遺（消化器官）

將消化後的剩餘物質排出體外的相關器官。

肛 門	糞便

食物殘渣、多餘的礦物質

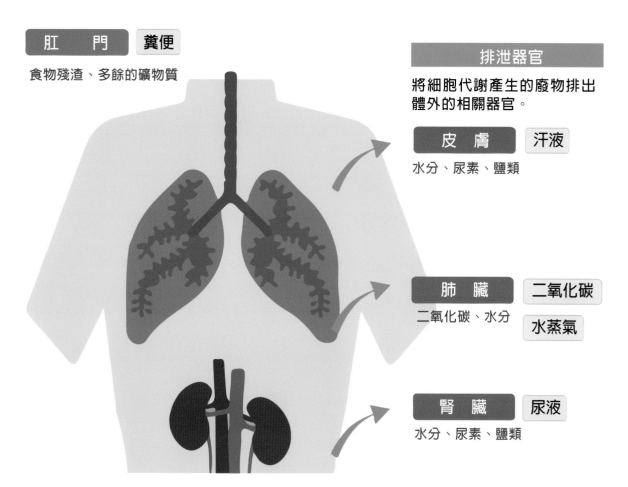

排泄器官

將細胞代謝產生的廢物排出體外的相關器官。

皮 膚	汗液

水分、尿素、鹽類

肺 臟	二氧化碳
	水蒸氣

二氧化碳、水分

腎 臟	尿液

水分、尿素、鹽類

代謝廢物

養分經過消化作用、
呼吸作用後,可以產
生能量,也同時產生
了二氧化碳、水和氨
等代謝廢物。

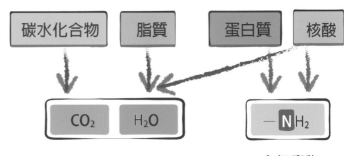

| 碳水化合物 | 脂質 | 蛋白質 | 核酸 |

$$CO_2 \quad H_2O$$

$-NH_2$

含氮廢物

含氮廢物型式

氨

毒性最大,由擴散作
用直接排除或透過鰓

尿 素

毒性居中,由腎臟形
成尿液排出

尿 酸

毒性最低,隨糞便
排出

| 單細胞生物 | 魚類 |

| 哺乳類 |

| 鳥類 | 昆蟲 |

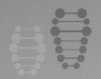
含氮廢物代謝

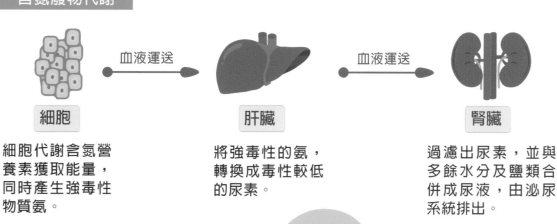

血液運送

血液運送

細胞

細胞代謝含氮營養素獲取能量，同時產生強毒性物質氨。

肝臟

將強毒性的氨，轉換成毒性較低的尿素。

腎臟

過濾出尿素，並與多餘水分及鹽類合併成尿液，由泌尿系統排出。

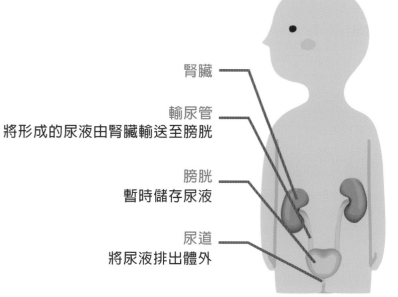

腎臟

輸尿管
將形成的尿液由腎臟輸送至膀胱

膀胱
暫時儲存尿液

尿道
將尿液排出體外

泌尿系統

形成尿液，並將尿液排出體外。

6-1

某動物在不同環境溫度下的體溫變化，如附圖所示。則此動物維持體溫方式的相關敘述，下列何者正確？【105會考】　　ANS：B
(A)外溫動物，主要藉由代謝產生的熱量維持體溫
(B)外溫動物，主要從外界環境吸收熱量維持體溫
(C)內溫動物，主要藉由代謝產生的熱量維持體溫
(D)內溫動物，主要從外界環境吸收熱量維持體溫

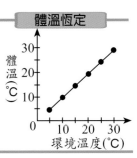

當環境溫度上升時，體溫會隨著大幅上升，可以知道此為外溫動物，而外溫動物主要從外界環境吸收熱量以維持體溫。因此最佳答案選(B)。

6-2

下列關於人體調節體溫恆定的敘述，何者錯誤？　　ANS：C
(A)天氣炎熱時，食慾降低以減少熱量產生
(B)天氣寒冷時，發抖、打寒顫可增加體熱的產生
(C)天氣寒冷時，皮膚表面微血管擴張以增加體熱
(D)體熱增加時，排汗量增加，汗水的蒸發可帶走過多的熱量

天氣炎熱時，體溫調節中樞，促進汗腺排汗，把體內的熱散發出去。天氣寒冷時，皮膚的血管會收縮，使血液量減少，降低體熱在體表散失的速度，肌肉會不自主地顫抖，食慾也同時增加。因此最佳答案選(C)。

6-3

呼吸作用是生物產生能量的主要動力，而呼吸作用所需要的氧氣需藉由呼吸構造進入體內。一般來說，呼吸器官有哪些特徵？　　ANS：C
(A)肺泡壁很厚　　　　　　　　(B)周圍布滿動脈與靜脈
(C)表面潮溼　　　　　　　　　(D)所有動物呼吸器官的形狀都相同

動物的呼吸構造通常需符合要有潮溼的表面條件，以方便氧氣溶入。因此最佳答案選(C)。

6-4

當人體呼吸系統內氣體由肺泡往支氣管、氣管移動，此時進行呼吸運動的相關構造之變化，下列何者最合理？【108會考】　　ANS：B
(A)肺漸變大　(B)橫膈上升　(C)胸腔變大　(D)肋骨上舉

氣體由肺泡向支氣管、氣管移動，最後送至人體體外，即為呼吸運動的呼氣，此過程肺漸變小、橫膈上升、肋骨下降、胸腔變小。因此最佳答案選(B)。

6-5

附圖為人體進行呼吸運動時，橫膈位置變動的示意圖。利用藍色氯化亞鈷試紙可檢測人體呼出氣體中的某物質。有關呼氣時橫膈位置的變化及可使試紙變色的物質，下列何者正確？【104會考】　　ANS：C
(A)甲→乙，水
(B)甲→乙，二氧化碳
(C)乙→甲，水
(D)乙→甲，二氧化碳

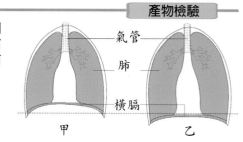

呼氣時，橫膈上升、肋骨下降、胸腔和肺臟的體積縮小，氣體由肺臟流出體外，所以為乙→甲；藍色氯化亞鈷試紙可檢測水分，當檢測物含有水氣時，試紙會變成粉紅色。因此最佳答案選(C)。

6-6

植物從根部吸收的水分不經由氣孔蒸散，而從葉的邊緣或尖端泌出，是因為：　　ANS：D
(A)根部吸水太慢　　　　　(B)氣孔數目太少
(C)空氣中溼度太低　　　　(D)蒸散作用無法進行

當植物根部吸水太多或空氣潮溼，水由氣孔散失的速率太慢時，體內過多的水會由葉脈末端、葉緣或葉尖處排出，稱為泌液作用。因此最佳答案選(D)。

6-6 防水構造

蠑螈、青蛙、娃娃魚等兩生類，必須生活在潮溼的地方，無法長時間離開水而生存，最主要的原因為下列何者？　　ANS：D
(A)兩生類使用鰓呼吸 　　　　　　　(B)游泳是兩生類的特色
(C)兩生類須要喝水才能生活 　　　　(D)皮膚不能夠完全防止水分散失

陸生動物的體表有防止體內水分快速流失的構造，例如哺乳類皮膚的角質層、爬蟲類的鱗片及骨板、昆蟲的外骨骼等，但是兩生類無類似構造防止水分散失，且為生殖方式為體外受精，所以無法離開水源太遠。因此最佳答案選(D)。

6-7 水分調節

當人體血液中的水分減少時，將會產生何種生理現象？　　ANS：D
(A)血液濃度降低 　　　　　　(B)排尿頻率增加
(C)呼吸頻率減少 　　　　　　(D)感到口渴

當人體體內水分缺乏時，腦部會產生口渴的感覺，並經由激素的釋放，調節腎臟的運作，使得排出的尿量減少。因此最佳答案選(D)。

6-8 排泄與排遺

(甲)排糞；(乙)排汗；(丙)呼出二氧化碳；(丁)排尿。上列屬於排泄的是：　　ANS：B
(A)甲乙丙 　　(B)乙丙丁 　　(C)甲乙丁 　　(D)甲丙丁

生物體攝取的養分經過消化作用、呼吸作用後，可以產生能量，但也同時產生了二氧化碳、水和氨等代謝廢物，將這些廢物排出體外的過程，稱為排泄作用。各種代謝廢物，可藉由不同方式排除。而排糞屬於消化作用的一環，稱為排遺，不屬於排泄，因此最佳答案選(B)。

6-9

含氮廢物

生物代謝蛋白質後，會排出含有氮的廢物，其形式可能為氨、尿素或尿酸，則上述三者毒性最大的為何？　　ANS：A

(A)氨　　(B)尿素　　(C)尿酸　　(D)三者毒性一樣

含氮廢物的排除有下列三種型式：氨、尿素及尿酸。其中以氨的毒性最大。因此最佳答案選(A)。

6-10

轉換過程

下列何者不是肝臟的功能？　　ANS：D

(A)分泌膽汁　　(B)將氨轉變為尿素　　(C)儲存肝糖　　(D)形成尿液

細胞產生的氨，會透過血液循環送至肝臟進行轉換，轉換成毒性較低的尿素。肝臟也會分泌膽汁，協助脂質的分解。因此最佳答案選(D)。

第七單元

繁衍與生殖

染色體的數目隨生物種類而有所不同，同種生物的
染色體數目相同。

數量問題

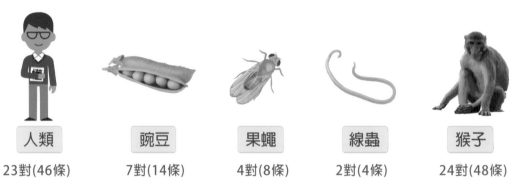

人類	豌豆	果蠅	線蟲	猴子
23對(46條)	7對(14條)	4對(8條)	2對(4條)	24對(48條)

套數型式　　染色體在細胞內通常兩兩成對，兩條成對染色體的大小、形狀
相似，一條來自父方，一條來自母方，稱為同源染色體。

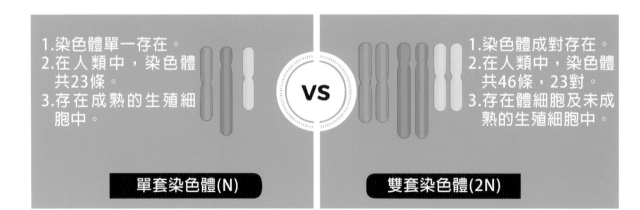

1.染色體單一存在。
2.在人類中，染色體
　共23條。
3.存在成熟的生殖細
　胞中。

VS

1.染色體成對存在。
2.在人類中，染色體
　共46條，23對。
3.存在體細胞及未成
　熟的生殖細胞中。

單套染色體(N)　　　　　　　　雙套染色體(2N)

細胞週期

生物個體需以細胞分裂來產生新的細胞，以修補衰老或死亡的細胞。細胞生長並分裂的一個循環過程稱為細胞週期。

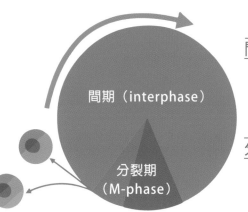

間期（interphase）

分裂期（M-phase）

間期　G１期：細胞生長
　　　S　期：染色體複製
　　　G２期：準備分裂

分裂期　細胞核分離
　　　　↓
　　　細胞質分離

無 性 生 殖

由親代直接以細胞分裂方式產生新個體，無受精作用。

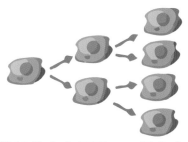

後代與親代完全相同，可保留全部親代特徵，但較無法抵抗適應環境的改變。

有 性 生 殖

產生精子與卵，透過兩者相互結合成受精卵的過程稱為受精作用。

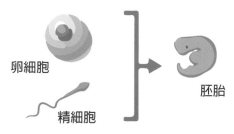

卵細胞

精細胞

胚胎

後代具有父方、母方各一半的特徵，變異性較大，可適應環境的變化。

細胞分裂

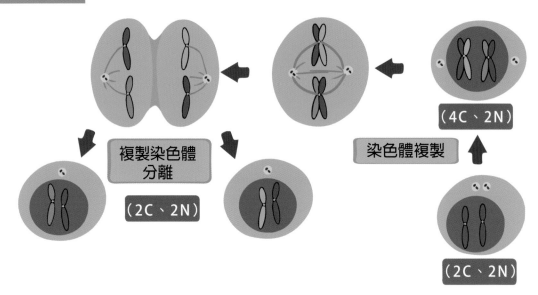

複製染色體
分離

（2C、2N）

染色體複製

（4C、2N）

（2C、2N）

圖解國中生物

	生殖類型	後代基因	目的	分裂次數	子細胞數
減數分裂	有性生殖	不同	產生配子，進行有性生殖	1次	2個
細胞分裂	無性生殖 有性生殖	相同	個體生長、修護及進行無性生殖	2次	4個

減數分裂

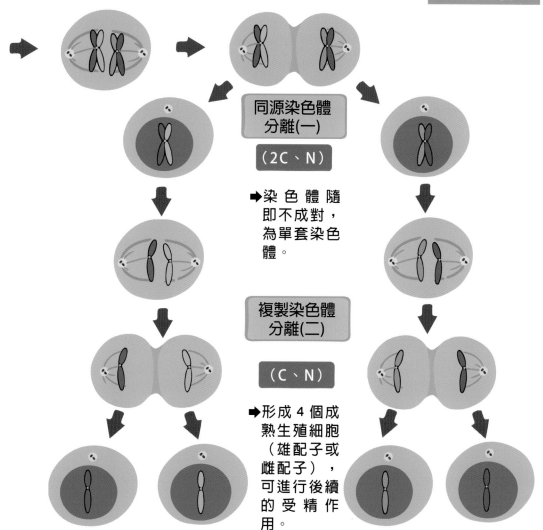

同源染色體
分離(一)

（2C、N）

➡染色體隨
即不成對，
為單套染色
體。

複製染色體
分離(二)

（C、N）

➡形成 4 個成
熟生殖細胞
（雄配子或
雌配子），
可進行後續
的受精作
用。

分裂生殖

草履蟲
變形蟲
細菌

一個親代分裂為2個
大小相近的子代
（一分為二）

進行分裂　　　　　形成2個個體。

出芽生殖

酵母菌
水螅

細胞凸出形成一個
芽體，成熟後與母
體分離成為獨立的
新個體

子代以芽孢形
式在母體旁。

斷裂生殖

渦蟲
顫藻
海葵

個體會斷裂成許多
片段，再由這些片
段發育成許多小個
體（一分多）

頭部區域長
出尾端。

尾端區域長
出頭部。

孢子生殖

蕈類
黴菌

孢子散播到適當的
環境中即能萌發成
新個體

孢子成熟後，孢子囊裂
開，使孢子彈出，釋放
至空氣中。

營養器官繁殖

根	莖	葉

番薯
（塊根）

草莓
（走莖）（匍匐莖）

落地生根
（葉緣缺刻）

紅蘿蔔
（塊根）

馬鈴薯
（塊莖）

洋蔥
（鱗莖）

組織培養 植物部分組織，置於培養皿中，繁殖大量相同個體。

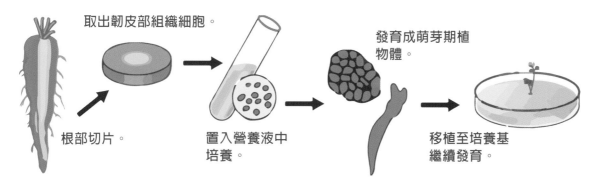

取出韌皮部組織細胞。

發育成萌芽期植物體。

根部切片。

置入營養液中培養。

移植至培養基繼續發育。

親代產生配子（如精子和卵），結合後形成受精卵，在適當的環境下進行細胞分裂，發育成胚胎，最後發展成一新個體。

受精 ➡ 四細胞期 ➡ 桑椹胚 ➡ 囊胚 ➡ 胚胎

受精場所	定義	交配行為	受精機率	產卵數量	例　子
體外受精	母體外的水中	無或假交配	低	多	多數水生動物、大部分魚類與兩生類、甲殼類、部分珊瑚
體內受精	母體內	有	高	少	爬蟲類、鳥類與哺乳類、昆蟲、孔雀魚、大肚魚

發育地點	養分供給	發育場所	卵的大小	例　子
卵生動物	卵本身攜帶的卵黃與卵白	母體外	較大	昆蟲、鳥類、多數爬蟲類
胎生動物	母體由血液提供氧氣與養分	母體內的子宮	較小	多數哺乳類（針鼴與鴨嘴獸為卵生哺乳類）

動物行有性生殖時，動物間由求偶開始到配子結合，產生後代的各種表現行為。

求偶行為

螢火蟲特定的發光節奏、雄孔雀尾羽開屏、雄蛙鼓起鳴囊、雌性動物釋放特殊氣味

螢火蟲的尾部利用化學物質，發出低溫光線以利吸引配偶。

青蛙的嘴巴下半部有一個可以鼓起並發出聲音的構造，稱為鳴囊。

護卵行為

龜以沙覆蓋卵、鳥孵卵

海龜將卵埋覆在沙中，利用太陽熱量使卵可以孵化。

育幼行為

哺乳類以乳汁哺育、鳥餵食幼鳥、海馬育兒袋

母海馬將卵注入公海馬體內，進行受精作用，屬體外受精。受精卵即在公海馬育兒袋內發育成熟。

花的構造 同時具有雄蕊與雄蕊的花，稱為「兩性花」。若同時具有雄蕊、雌蕊、花瓣及萼片，則稱為「完全花」。

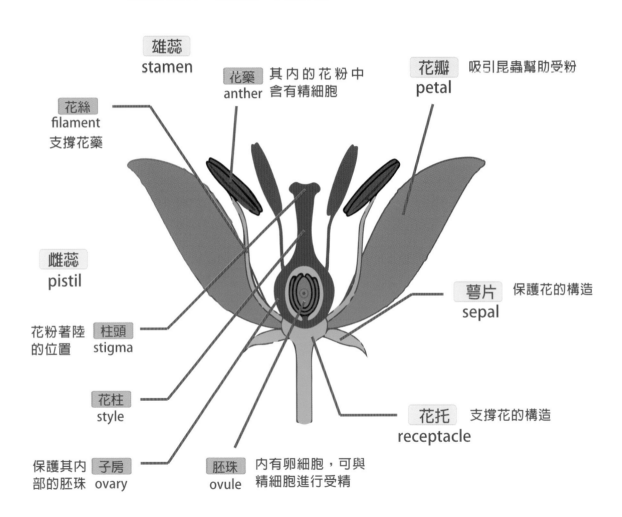

雄蕊
stamen

花藥 其內的花粉中
anther 含有精細胞

花瓣 吸引昆蟲幫助受粉
petal

花絲
filament
支撐花藥

雌蕊
pistil

萼片 保護花的構造
sepal

花粉著陸 柱頭
的位置 stigma

花柱
style

花托 支撐花的構造
receptacle

保護其內 子房
部的胚珠 ovary

胚珠 內有卵細胞，可與
ovule 精細胞進行受精

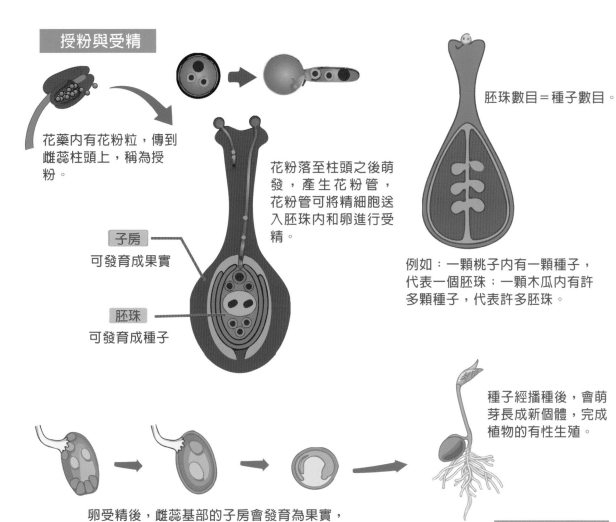

授粉與受精

花藥內有花粉粒，傳到雌蕊柱頭上，稱為授粉。

花粉落至柱頭之後萌發，產生花粉管，花粉管可將精細胞送入胚珠內和卵進行受精。

子房

可發育成果實

胚珠

可發育成種子

胚珠數目＝種子數目。

例如：一顆桃子內有一顆種子，代表一個胚珠；一顆木瓜內有許多顆種子，代表許多胚珠。

卵受精後，雌蕊基部的子房會發育為果實，胚珠則發育成種子。

種子經播種後，會萌芽長成新個體，完成植物的有性生殖。

種子與果實

受精過程

受精通常發生在輸卵管的前端，隨後受精卵逐漸發育成胚胎，並移向子宮著床。

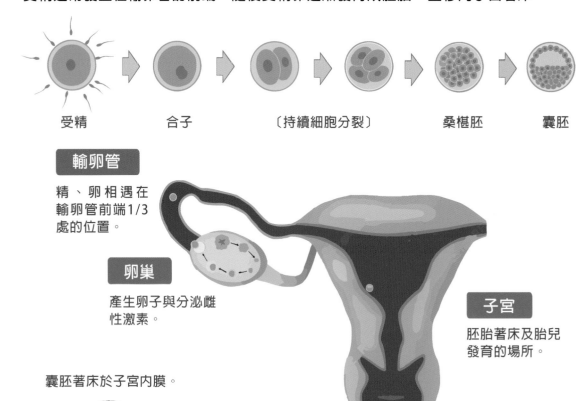

受精 　合子 　〔持續細胞分裂〕 　桑椹胚 　囊胚

輸卵管

精、卵相遇在輸卵管前端1/3處的位置。

卵巢

產生卵子與分泌雌性激素。

囊胚著床於子宮內膜。

子宮

胚胎著床及胎兒發育的場所。

產道

胎兒生產的通道。

胎兒發育

當胚胎著床埋入子宮壁，會形成胎盤和臍帶，藉此可與母體交換養分及氧氣，直
到胎兒發育成熟後，母體才會將幼體產出體外。

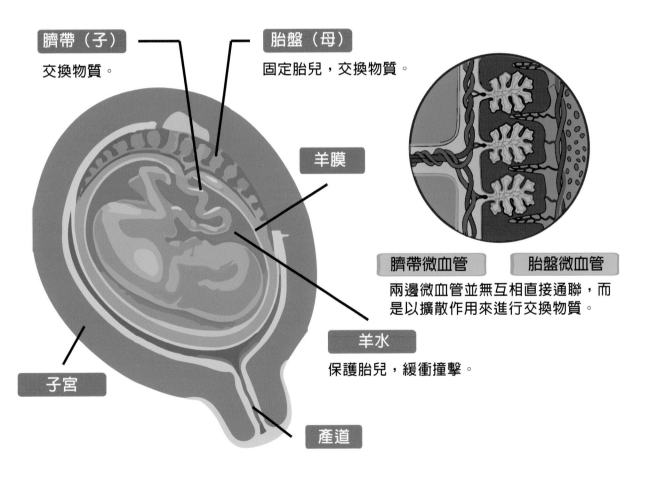

臍帶（子）

交換物質。

胎盤（母）

固定胎兒，交換物質。

羊膜

臍帶微血管　　胎盤微血管

兩邊微血管並無互相直接通聯，而
是以擴散作用來進行交換物質。

羊水

保護胎兒，緩衝撞擊。

子宮

產道

7-1

圖為甲、乙兩種細胞所含的染色體示意圖，此兩種細胞都是某一雌性動物個體內的正常細胞。根據此圖，下列相關推論或敘述何者最合理？【107會考】　　　ANS：C
(A)甲總共含8個基因，乙總共含 4 個基因
(B)若甲具有性染色體，則乙不具有性染色體
(C)若甲具有成對的基因，則乙不具有成對的基因
(D)甲有4對成對的染色體，乙有 2 對成對的染色體

甲　　　乙

甲、乙為同種雌性動物體內的正常細胞，則由染色體套數可以得知甲為雙套的體細胞(2N)，乙為單套的生殖細胞(N)。(A)染色體上有許多基因片段，故基因數會大於染色體數；(B)甲乙皆具有性染色體，不同點在於甲為雙套，乙為單套；(D)乙有4條不成對的染色體。因此最佳答案選(C)。

7-4

已知黑猩猩的體細胞有48條染色體。當雄性黑猩猩體內行減數分裂產生精子時，有關染色體的敘述，下列何者正確？　　　ANS：A
(A)染色體複製1次，精子內含24條染色體　　　(B)染色體複製2次，精子內含48條染色體
(C)染色體複製1次，精子內含48條染色體　　　(D)染色體複製2次，精子內含96條染色體

減數分裂的特性是，染色體複製一次、細胞分裂兩次。以減數分裂所產生的精子或卵子，內部的染色體數目只有原來細胞的一半。因此最佳答案選(A)。

7-5

(甲)黑黴的孢子繁殖；(乙)稻米的種子繁殖；(丙)酵母菌的出芽生殖；(丁)變形蟲的分裂生殖；(戊)哺乳類的胎生繁殖；(己)洋蔥的鱗莖繁殖。上述哪些繁殖方式屬於無性生殖？　　　ANS：D
(A)乙丙丁戊　　　(B)甲乙丁戊　　　(C)甲乙丙己　　　(D)甲丙丁己

無性生殖是指生物體不以透過生殖細胞的結合方式，也就是不經由減數分裂來產生配子，直接由母體細胞分裂後產生出新個體的生殖方式。主要分為孢子繁殖、分裂生殖、出芽生殖、斷裂生殖和營養器官繁殖、孢子繁殖等。最佳答案選(D)。

7-6
營養繁殖

圖為一發芽番薯的示意圖，甲為番薯的塊根，乙、丙為塊根上不同的新芽。
下列關於甲、乙、丙的敘述，何者最合理？【107會考】　　　ANS：B
(A)甲與丙的基因型不同
(B)乙與丙的基因型相同
(C)甲為番薯的生殖器官
(D)甲與乙細胞內的染色體數不同

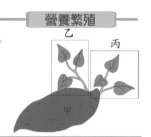

利用塊根產生新芽(新個體)，屬於無性生殖中的營養器官繁殖，是利用細胞分裂產生新個體，因此
(A)(B)甲與丙、乙與丙的基因型相同；(C)甲(塊根)為番薯的營養器官；(D)甲與乙細胞內的染色體數相
同。因此最佳答案選(B)。

7-6
組織培養

橘子取了某株植物的部分組織，放入培養基中進行繁殖，有關以此方式繁殖出的新植株，下列敘述何
者最合理？【108會考】　　　ANS：B
(A)是由原植株的細胞經減數分裂產生　　　(B)是由原植株的細胞經細胞分裂產生
(C)新植株細胞內的基因為原植株細胞的一半　　(D)新植株細胞內的染色體為原植株細胞的一半

題目敘述的繁殖方式為植物無性生殖中的組織培養。(A)(B)新植株是原植株的細胞經細胞分裂產生；
(C)(D)新植株細胞內的基因和染色體皆與原植株細胞相同。因此最佳答案選(B)。

7-7
有性生殖

已知某種動物在同一個體中可產生卵及精子，但在繁殖時，仍需要與不同個體交換精子後，才能受
精並產生子代。下列關於此種動物生殖及子代的相關敘述，何者最合理？【106會考】　　ANS：C
(A)生殖方式屬於無性生殖　　　(B)子代不具有生殖的能力
(C)子代具有親代的部分特徵　　(D)子代行減數分裂增加體細胞

(A)此動物產生配子(卵及精子)，且仍需與不同個體交換精子以達到受精作用，所以為有性生殖；
(B)同種生物交配所產下的正常子代，具有生殖能力；(C)子代經有性生殖產生，故具有親代的部分特
徵；(D)生物以細胞分裂增加體細胞，減數分裂產生生殖細胞。因此最佳答案選(C)。

7-9

某人分別於甲、乙二區種植具有抗蟲基因的棉花及一般棉花,中間以道路相隔,如附圖所示。經過一段時間後,發現乙區的棉花也具有此抗蟲基因,產生此現象的原因,最可能是棉花的下列哪一構造傳播所造成?　【104會考】　ANS:B
(A)花柱　　(B)花粉
(C)胚珠　　(D)子房

花的構造

甲區
抗蟲棉花

道路

乙區
一般棉花

開花植物有性生殖的過程為:花粉藉由外力傳播到雌蕊柱頭,花粉萌發出花粉管,精細胞藉由花粉管,經過花柱抵達子房,與子房內的胚珠行受精作用而產生種子(棉花)。(A)(C)(D)花柱、胚珠與子房為雌蕊的構造;(B)花粉為雄蕊的構造,可藉由外力傳播。因此最佳答案選(B)。

7-10

花粉管

動物生殖行為由體外受精演化為體內受精,其意義與植物何種構造的出現相似?　ANS:D
(A)維管束　　(B)葉綠素　　(C)孢子　　(D)花粉管

授粉之後萌發產生花粉管,此過程不需水的幫忙,是開花植物得以成功適應陸地乾燥的原因之一,將精細胞送入胚珠內和卵進行受精。因此最佳答案選(D)。

7-10

種子果實

附圖為向日葵植株與南瓜植株的雌蕊構造示意圖,已知向日葵的甲部位可發育成一個帶殼葵瓜子,南瓜的乙構造可發育成一個帶殼南瓜子,有關此兩種帶殼的瓜子為果實或種子之敘述,下列何者正確?
(A)兩者皆為果實【105會考】　　　ANS:C
(B)兩者皆為種子
(C)葵瓜子為果實,南瓜子為種子　　(D)葵瓜子為種子,南瓜子為果實

甲

乙

向日葵雌蕊　　　南瓜雌蕊

左圖中甲部位是雌蕊的子房,子房可發育為果實,故葵瓜子為果實;右圖中乙構造是雌蕊子房中的胚珠,胚珠可發育為種子,故南瓜子為種子。因此最佳答案選(C)。

7-11

動物的生殖方式可以分為卵生、胎生。請問下列關於胎生動物的敘述，何者錯誤？　　ANS：D

(A)胎生動物出生後，由母體以乳汁哺育幼兒，使幼兒成長

(B)胎生動物之胎兒發育所需的養分，經由母體的胎盤和臍帶提供

(C)胎生動物的胚胎會留在母體子宮內發育

(D)胎生動物的卵都在子宮內完成受精

受精通常發生在輸卵管的前端，隨後受精卵逐漸發育成胚胎，並移向子宮，當胚胎著床埋入子宮壁，會形成胎盤和臍帶，藉此可與母體交換養分及氧氣，直到受精卵發育成熟後，母體才會將幼體產出體外。因此最佳答案選(D)。

第八單元

基因與遺傳

植株高度	花朵顏色	種子形狀	種子顏色	豆莢形狀

高莖	白色	光滑	黃色	平滑

矮莖	白色	皺摺	綠色	皺縮

豌豆實驗

以豌豆實驗提出遺傳法則而被稱為遺傳學之父的是奧地利神父孟德爾。

顯隱性基因

孟德爾推論豌豆內有可以決定性狀表現的遺傳因子，分別有顯性遺傳因子、隱性遺傳因子兩種，並以英文字母大、小寫來表示。

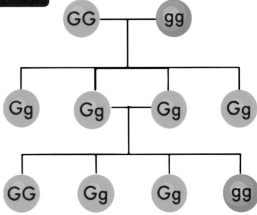

圖解國中生物

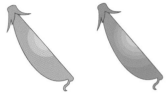

表現型

基因型　　GG 或 Gg　　gg

當討論個體的某一性狀時，它所表現出來的特徵稱為表現型，而其遺傳因子的組合稱為基因型。

遺　傳

生物體可遺傳的特性稱為性狀，親代經由生殖作用，將性狀傳給子代。

GG → G　G　精細胞

Gg → G　g　卵細胞

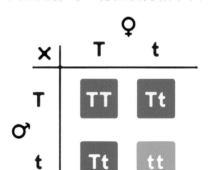

棋盤方格法
（PUNNETT SQUARE）

棋盤方格法為著名的家禽遺傳學家龐尼特所提出，可簡易計算親代交配後子代可能的遺傳因子組合。

基因型比例　　1 : 2 : 1

表現型比例　　3 : 1
　　　　　　（顯性）（隱性）

當親代基因組合為Tt×Tt，有1/4的機會產下具隱性性狀的子代，故此子代的表現型會與親代不同。

圖解國中生物

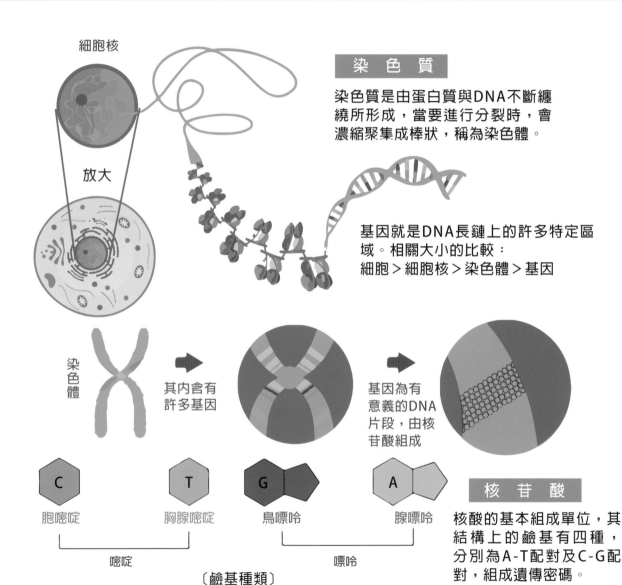

細胞核

放大

染色質

染色質是由蛋白質與DNA不斷纏繞所形成，當要進行分裂時，會濃縮聚集成棒狀，稱為染色體。

基因就是DNA長鏈上的許多特定區域。相關大小的比較：
細胞 > 細胞核 > 染色體 > 基因

染色體

其内含有許多基因

基因為有意義的DNA片段，由核苷酸組成

C	T	G	A
胞嘧啶	胸腺嘧啶	鳥嘌呤	腺嘌呤

嘧啶　　　　　　　　嘌呤

〔鹼基種類〕

核苷酸

核酸的基本組成單位，其結構上的鹼基有四種，分別為A-T配對及C-G配對，組成遺傳密碼。

等位基因

控制同一性狀的等位基因通常兩兩成對，分別位於同源染色體的相對位置上。

特徵表現：姆指狀態

彎
直
彎

配子僅攜帶同源染色體的其中一條。

減數分裂過程中，等位基因各自分離到配子，等到受精作用時，才又結合在一起。

染色體類型

1～22對稱為體染色體，第23對染色體的形狀和大小並不相同，且其組合決定個體的性別，稱為性染色體。

性染色體

體染色體

XX
女性

or

XY
男性

媽媽虹膜基因型 AaBb

遺傳方式

1 單基因遺傳：
控制性狀的遺傳因子只有一對，性狀的表現型態較單純，例如舌是否捲曲、人類ABO血型。

2 多基因遺傳：
性狀由2對以上的遺傳因子控制，例如人類的身高、體重、膚色及虹膜顏色等性狀。

	AB	Ab	aB	ab
AB	AABB	AABb	AaBB	AaBb
Ab				
aB				
ab			aaBb	aabb

爸爸虹膜基因型 AaBb

圖解國中生物

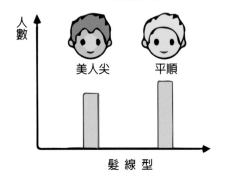

單基因遺傳
（monogenic inheritance）

非連續分布

人數

美人尖　平順

髮線型

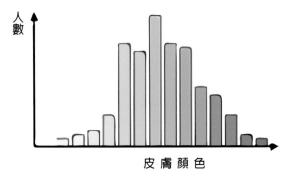

多基因遺傳
（polygenic inheritance）

連續分布（常態分布）

人數

皮膚顏色

女性

性別決定

生男或生女在受精時由精細胞決定，生男生女機率為1：1。

男性

46條染色體
（44條體染色體）
＋
（2條性染色體XX）

46條染色體
（44條體染色體）
＋
（2條性染色體XY）

卵子

精子

23條染色體
（22條體染色體）
＋
（1條性染色體X）

23條染色體
（22條體染色體）
＋
（1條性染色體X）

23條染色體
（22條體染色體）
＋
（1條性染色體X）

23條染色體
（22條體染色體）
＋
（1條性染色體Y）

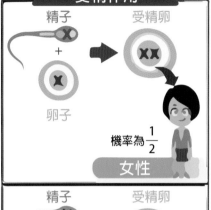

受精作用

精子　　受精卵

＋

卵子

機率為 $\frac{1}{2}$

女性

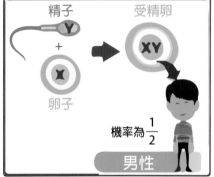

精子　　受精卵

＋

卵子

機率為 $\frac{1}{2}$

男性

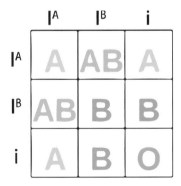

	I^A	I^B	i
I^A	A	AB	A
I^B	AB	B	B
i	A	B	O

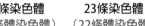

血型決定

人類ABO血型屬單基因遺傳，但控制的遺傳因子共有3種基因，I^A和I^B為顯性，i 為隱性。

突　變

突變的發生有兩種可能：一為自然突變，是指自然產生的基因改變，通常發生率極低；另一為人為誘變，是指因物理因素或化學因素所導致的。

| 基因突變 | DNA分子中鹼基的改變 |
| 染色體突變 | 染色體數目或構造的改變 |

物理因子	化學因子
X光	防腐劑
輻射線	EtBr
紫外線	

唐氏症
(Down syndrome)

第21對

患者的第21對染色體比正常人多了一條。

試管嬰兒

精子與卵子在培養皿中體外受精後，移至母體子宮著床。

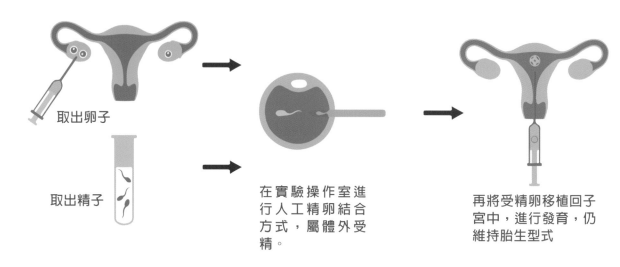

取出卵子

取出精子

在實驗操作室進行人工精卵結合方式，屬體外受精。

再將受精卵移植回子宮中，進行發育，仍維持胎生型式

基因轉殖 以人工的方式，將某一段外來的基因片段轉殖入某生物的細胞中，使被轉殖的生物表現出該基因片段的遺傳特性。

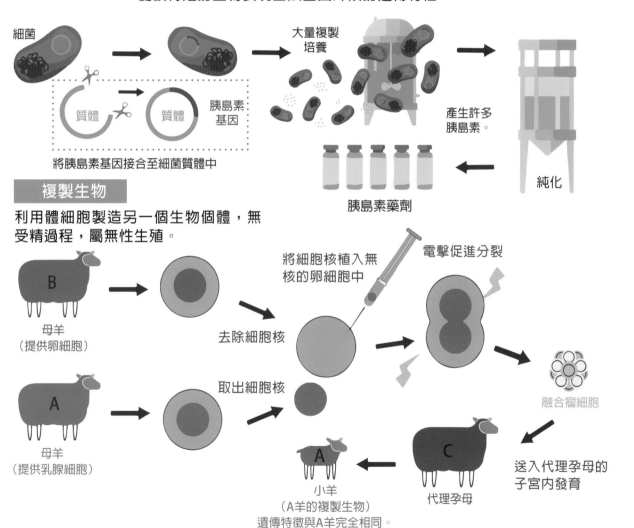

細菌

質體 質體 胰島素基因

將胰島素基因接合至細菌質體中

大量複製培養

產生許多胰島素。

純化

胰島素藥劑

複製生物

利用體細胞製造另一個生物個體，無受精過程，屬無性生殖。

B
母羊
（提供卵細胞）

去除細胞核

A
母羊
（提供乳腺細胞）

取出細胞核

將細胞核植入無核的卵細胞中

電擊促進分裂

融合瘤細胞

送入代理孕母的子宮內發育

C
代理孕母

小羊
（A羊的複製生物）
遺傳特徵與A羊完全相同。

8-1

橘子與同年紀的孩子都長得不一樣，請問這是橘子細胞內的哪一種構造與他人不同所致？
ANS：B
(A)染色體的套數　　　　　(B)染色體上基因的型式
(C)染色體的對數　　　　　(D)染色體上基因的數目

相同物種生物，不論染色體套數，對數或基因數目應相同，會造成不同表現，是因為基因的形式或顯隱性所造成的之間差異變化。因此最佳答案選(B)。

8-2

已知某植物的種子顏色是由一對等位基因所控制，黃色為顯性，綠色為隱性。小霖記錄了四組親代的表現型並預測其子代可能出現的表現型，整理成附表。在不考慮突變的情況下，表中哪一組子代的預測最不合理？【106會考】　　ANS：B
(A)甲　　(B)乙　　(C)丙　　(D)丁

組別	親代表現型	子代表現型的預測
甲	黃色×黃色	綠色
乙	綠色×綠色	黃色
丙	黃色×綠色	綠色
丁	綠色×黃色	黃色

假設以Y為顯性等位基因，y為隱性等位基因，則黃色種子的基因型為YY或Yy，綠色種子的基因型為yy，所以當(A)甲組親代基因型為Yy×Yy時，可能會產生綠色種子的子代(yy)；當(B)乙組親代基因型為yy×yy，則只能產生綠色種子的子代(yy)；當(C)丙組親代基因型為Yy×yy時，則可能產生綠色種子的子代(yy)；(D)丁組親代基因型為yy×YY或yy×Yy時，可能產生黃色種子的子代(Yy)。所以表格中乙組的子代預測是最不合理。因此最佳答案選(B)。

8-2

某一性狀由體染色體上的一對等位基因所控制，A 為顯性，a 為隱性。今有一對夫妻此性狀的基因型皆為 Aa，在不考慮突變的情況下，他們小孩的此種性狀可能會有幾種表現型？
(A) 1　　(B) 2　　(C) 3　　(D) 4　　　　　　　　　　　【107會考】　　ANS：B

因為夫妻的基因型皆為Aa，則小孩可能的基因型有AA、Aa、aa，則表現型可分為顯性(AA、Aa)，與隱性(aa)兩種。因此最佳答案選(B)。

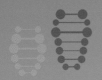

8-2

若以T代表玉米的高莖遺傳因子，t代表玉米的矮莖遺傳因子。將一棵不知基因型的高莖玉米與一棵矮莖玉米交配，若產生400棵子代玉米，則高莖最多可能有x棵，最少可能有y棵，試問x和y分別為多少？　　ANS：A
(A) x＝400；y＝200　　　　(B) x＝400；y＝0
(C) x＝300；y＝100　　　　(D) x＝200；y＝200

親代若為TT×tt，則子代全部為Tt，都是高莖，因此高莖最多為400棵；若親代為Tt×tt，則只有1/2子代為Tt，表現是高莖，因此高莖最多為200棵。因此最佳答案選(A)。

8-4

下列有關人類遺傳的敘述，何者正確？　　　ANS：C
(A)卵細胞染色體數目為46條
(B)肌肉細胞有23對染色體即表示有23對基因
(C)男孩的性染色體，其Y染色體較X染色體短小
(D)控制一種性狀的一對基因位於同一條染色體上

(A)卵細胞染色體數目為23條；(B)肌肉細胞有23對染色體但是不表示只有23對基因；(D)控制一種性狀的一對基因位於同源染色體的對等位置上。因此最佳答案選(C)。

8-4

在調查過程中，研究員收集黑熊的糞便，利用脫落在糞便中的腸壁細胞來分析細胞內的遺傳物質，以鑑定黑熊的性別及記錄數量。已知黑熊性別決定的機制和人類相同，根據本文，研究員主要是利用下列何者的遺傳物質鑑定黑熊的性別？【108會考】　　　ANS：B
(A)體細胞的體染色體　　　　(B)體細胞的性染色體
(C)生殖細胞的體染色體　　　　(D)生殖細胞的性染色體

題目已經提到黑熊決定性別的機制與人類相同，所以可藉由性染色體來鑑定黑熊的性別。由題目中可知研究員利用黑熊糞便中的腸壁細胞來鑑定其性別，而腸壁細胞屬於體細胞。因此最佳答案選(B)。

8-6 性聯遺傳

已知一隱性等位基因位於X染色體上。某對夫妻透過遺傳諮詢得知，在沒有突變的情況下，兩人將來所生的子女中，女兒必帶有此隱性基因，但兒子必無。根據諮詢的結果，推測此對夫妻的家族中，下列哪兩人的X染色體一定沒有此隱性等位基因？【105會考】　　ANS：C

(A)夫及他的父親　　(B)夫及他的母親　　(C)妻及她的父親　　(D)妻及她的母親

男性的性染色體為XY，其中X必定來自母親，由「兒子必無此隱性等位基因」，可知太太的X染色體一定沒有此隱性等位基因。女性的性染色體為XX，X各來自於父親和母親，由於太太無此隱性等位基因，可知太太的父親也一定沒有此隱性等位基因，太太的母親另一條X染色體是否有此隱性等位基因則無法確定。因此最佳答案選(C)。

8-6 性染色體

小鼠性別決定機制與人類相同，但視覺僅能看見黃、藍和灰色。若將人類感光色素基因成功轉殖至許多小鼠受精卵的X染色體之特定位置，則由此發育的小鼠可分辨紅綠燈的顏色，關於上述成功轉殖的這群小鼠，下列推論何者最合理？【108會考】　　ANS：C

(A)屬於親代行無性生殖所產生的子代　　　　(B)若為雄性則其所產生的精子皆具此基因
(C)全身的體細胞皆具有人類感光色素基因　　(D)互相繁殖出的下一子代皆無法分辨紅綠色

(A)由題目可知此技術是將感光色素基因轉殖至小鼠受精卵，故仍為有性生殖；(B)雄性的性染色體為XY，此段基因僅轉殖至X染色體上，則具有Y染色體的精子中不具有此基因；(D)此種方式培育出的小鼠，其X染色體上均帶有此基因，故互相繁殖出的子代應皆可分辨紅綠色。因此最佳答案選(C)。

8-6 性聯遺傳

若林先生的X染色體上具有某一隱性等位基因，在不考慮突變的情況下，則其子女的哪種細胞也必定都有此隱性等位基因？【103會考】　　ANS：D

(A)兒子的精細胞　　(B)女兒的卵細胞　　(C)兒子的肌肉細胞　　(D)女兒的肌肉細胞

(A)(C)兒子無論是體細胞或生殖細胞中的X染色體，皆來自母親，所以不會帶有此隱性等位基因；(B)女兒生殖細胞中的X染色體可能來自母親或父親，所以不一定帶有此隱性等位基因；(D)女兒體細胞內的性染色體，一條X染色體來自母親，一條X染色體來自父親，所以必定帶有此隱性等位基因。因此最佳答案選(D)。

8-7

下列有關突變的敘述，何者錯誤？　　　ANS：C
(A)基因由一種型式轉變為另一種型式，例如由R變為r，叫做突變
(B)許多物理和化學因素都會使基因改變，例如用X光照射生物
(C)所有突變對個體本身或後代都是有害的
(D)核子爆炸以及核子反應爐的廢物，若處理不當，均會產生放射線而引起基因突變

(C)並非所有突變對個體本身或後代都是有害的，少部分的突變可以增加遺傳變異，促進演化的進行與發生。因此最佳答案選(C)。

8-8

下列何者不是基因轉殖的運用？　　　ANS：D
(A)將深海水母的發光基因植入馬鈴薯中，當馬鈴薯缺水時便會發出綠光
(B)將防蟲害的基因植入蔬果中，可增加蔬果產量
(C)將豬乳鐵蛋白基因及人類第九凝血因子基因轉殖到豬的染色體上，培育出雙基因轉殖複製豬
(D)將植物所需的礦物質溶解到水中，澆到土裡，讓植物吸收

(D)將植物所需的礦物質溶解到水中，澆到土裡，讓植物吸收屬於一般的培養，並沒有涉及到遺傳物質的改造或變異。因此最佳答案選(D)。

第九單元

化石與演化

用進廢退

後天努力所造成的性狀改變是可遺傳的，例如長頸鹿為了吃樹上的葉子而不斷伸長脖子，經過代代不停重複而成為目前的模樣。

拉馬克

不斷的伸長脖子，而使得後代的外觀改變。

圖解國中生物

天擇說

綜合了五年小獵犬號之旅的觀察及相關研究，於西元1858年提出，認為演化是生物在適應環境的過程中，受環境長期篩選的結果。

達爾文

原本即存在長頸鹿與短頸鹿。

短頸鹿因為吃不到較高處的樹葉，因此死亡，而長頸鹿存活下來。

演化過程

演化的原動力：個體差異是關鍵的因素。

基因重組　　基因突變
(有性生殖)

① 個 體 差 異

② 過 度 繁 殖
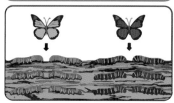

③ 生 存 競 爭

④ 適 者 生 存

天擇：
由環境篩選適合存活的物種。

1
1
3

常混淆的想法　抗生素濫用

錯誤　刺激細菌本身產生突變→導致產生抗藥性的細菌。

正確　造成不具抗藥性的細菌大量死亡→具抗藥性的細菌存活，大量繁殖。此現象為天擇作用。

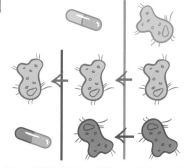

第二種抗　第一種抗　原有 3 種
生素使用　生素使用　微生物

人擇

人類培育出各種符合自身需求或喜好的品系。

原本大型的犬種，透過人為培育而得到適合飼養的小型寵物犬。

化 石

藉由化石拼湊出古生物的型態以，及了解該生物的演化過程最直接的證據。

遺 骸
如骨骼、牙齒與細胞壁等。

遺 跡
生物活動留下的痕跡，例如消化後的排遺物、足跡等。

圖解國中生物

生物死亡　　　　遺體被掩埋覆蓋

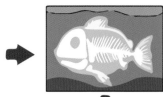

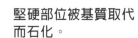

地殼抬升，岩層被侵蝕而使化石露出。　堅硬部位被基質取代而石化。

馬的演化

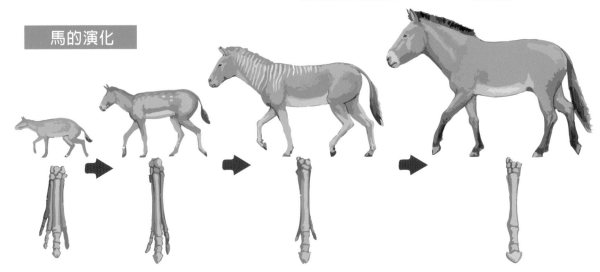

1 由四趾演化成單趾。　2 由小體型演化成大體型。　3 由叢林生活轉變為草原生活。

甲地與乙地的地層年代必須
搭配化石來決定，而非直接
看水平位置。
可由發現到的化石得知各地
層間相對年代的前後順序。

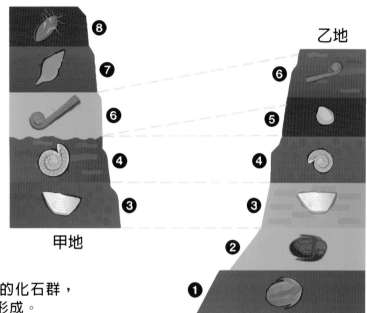

乙地

甲地

地層與化石

在不同地區的地層發現相似的化石群，
則可斷定兩地層為相同年代形成。

活化石

有些現存的動、植物與其祖先化石相較下極為相似，未有太大的變異，稱為活化石。

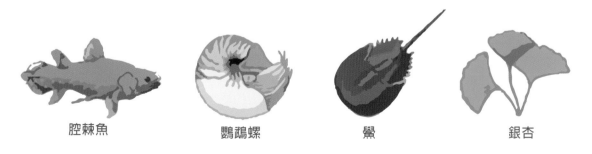

腔棘魚　　　　鸚鵡螺　　　　鱟　　　　銀杏

前寒武紀

目前所能找到最古老的化石是距今約35億年前的藍綠菌。

古生代 （5.4億~2.5億年前）

1 生物發生極大的演化多樣性，海洋充斥藻類與各式動物。
2 其中以三葉蟲最具代表性
3 最早的植物——蘚苔登陸，表皮具有角質層可防止水分散失。
4 陸地出現動物（昆蟲與兩生類）。
5 陸地高大蕨類林立，兩生類演化出爬蟲類。

中生代 （2.5億~0.65億年前）

1 恐龍大量繁衍，哺乳類、鳥類出現。
2 裸子植物取代蕨類的地位，末期則演化出被子植物。

新生代 （0.65億年前~現代）

1 人類出現。
2 被子植物取代裸子植物的地位。

脊椎動物演化方向

鳥類

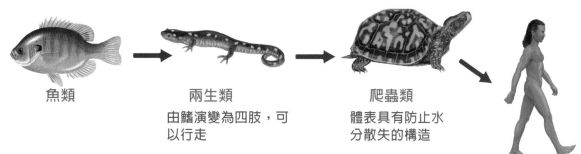

魚類

兩生類
由鰭演變為四肢,可
以行走

爬蟲類
體表具有防止水
分散失的構造

哺乳類

演化方向: 1 簡單的單細胞→複雜的多細胞。 2 生物種類少→多。

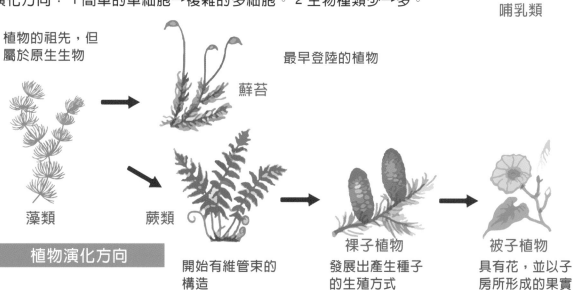

植物的祖先,但
屬於原生生物

最早登陸的植物

蘚苔

藻類

蕨類

裸子植物

被子植物

植物演化方向

開始有維管束的
構造

發展出產生種子
的生殖方式

具有花,並以子
房所形成的果實
包覆種子

9-1

長頸鹿的族群中，長頸者與短頸者所占的百分比與時間的關係如右圖，請問下列何者正確？　　ANS：C
(A)短頸者可突變為長頸者
(B)短頸者因脖子經常使用而變成長頸者
(C)長頸者比例的增加是由於天擇的結果
(D)長頸者禦敵能力較短頸者佳，故存活率高

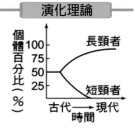

達爾文認為演化是生物在適應環境的過程中，受環境長期篩選的結果。因此最佳答案選(C)。

9-2

(甲)生存競爭；(乙)自然淘汰；(丙)個體差異；(丁)大量繁殖。達爾文對演化的觀點，其發生順序應為：(A)甲乙丙丁　　(B)丙丁甲乙　　(C)丁乙甲丙　　(D)丁丙甲乙　　ANS：B

演化過程：遺傳變異→過度繁殖→生存競爭→適者生存。因此最佳答案選(B)。

9-2

某地區樹林中棲息著一種蛾，依身體顏色可分成深色蛾和淺色蛾，其主要的天敵為鳥類。附圖為某段期間內深色蛾及淺色蛾數量變化的示意圖，圖中灰色部分標記為甲、乙兩時期。若依天擇說解釋甲及乙時期蛾的數量變化，下列何者最合理？
(A)在甲時期內鳥類較易發現深色蛾【104會考】　　ANS：D
(B)在甲時期內淺色蛾突變成深色蛾
(C)在乙時期內鳥類的數量逐年下降
(D)在乙時期內環境適合淺色蛾生存

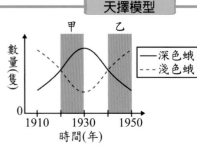

(A)(B)甲時期深色蛾數量上升，淺色蛾數量下降，應是環境背景由淺色轉變為深色，對淺色蛾的保護作用降低(環境適合深色蛾生存)，使鳥類較易發現並捕食淺色蛾；(C)(D)乙時期淺色蛾數量上升，深色蛾數量下降，應是環境背景由深色轉變為淺色，對深色蛾的保護作用降低(環境適合淺色蛾生存)，使鳥類較易發現並捕食深色蛾。因此最佳答案選(D)。

9-2

捕蚊燈利用蚊蟲的夜行性和趨光性，以發光的燈管引誘後，再以高壓電擊網殺死接觸的蚊子。林懂發現數十年前使用捕蚊燈的效果很好，但是現在誘捕蚊子的效果都不佳。下列何者是此現象最合理的解釋？　　　ANS：D
(A)蚊子忍受高壓電的能力一代比一代更好
(B)蚊子是古老的活化石，生存與適應能力特別好
(C)因為連續使用捕蚊燈多年，刺激基因突變，使蚊子產生了負趨光性
(D)原本就存在對捕蚊燈的波長較不敏感的蚊子，存活下來並大量繁衍

達爾文天擇說內容：生物演化須先有變異，再經由天擇，所以在蚊子的族群中原本就存在對捕蚊燈較敏感及較不敏感的個體，經長時間天擇後，較敏感的個體因捕蚊燈而死亡，留下較不敏感的個體，並大量繁衍。因此最佳答案選(D)。

9-5

假如你是一位研究古生物的科學家，你在不同的地層甲、乙、丙、丁中找到不同的化石，其中甲地層發現藍綠菌的化石，乙地層發現猛瑪象的化石，丙地層看到了三葉蟲的化石，而丁地層中有菊石的化石，請問這四個地層中，依年代的先後排列是：　　　ANS：B
(A)甲乙丙丁　　　(B)甲丙丁乙　　　(C)丙甲丁乙　　　(D)乙丙丁甲

各生物生存年代如下：藍綠菌在35億年前；三葉蟲在古生代；菊石在中生代而猛瑪象在新生代出現。因此最佳答案選(B)。

第十單元

命名與分類

分類階層

分類的階層愈高所包含的物種愈多。由生物彼此特徵差異愈大到差異愈小，排列依序為：

界	（KINGDOM）	ANIMALIA
門	（PHYLUM）	CHORDATA
綱	（CLASS）	MAMMALIA
目	（ORDER）	CARNIVORA
科	（FAMILY）	CANIDAE
屬	（GENUS）	CANIS
種	（SPECIES）	LUPUS

俗　名　DOG、狗

學　名　*Canis*　*lupus*
　　　　　屬名　　種小名

二 名 法

瑞典科學家林奈創制用拉丁化的文字為物種命名，此即物種之學名。

同 種

是指雌、雄個體在自然情況下可以相互交配，並產生具有生殖能力的後代。

馬　×　驢　=　騾

♂馬與♀驢可自然交配產下騾，但騾不具生殖能力，故馬、驢不是同種生物。

五界系統

目前大多數科學家所採用的生物分類系統，稱五界分類系統。

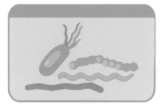

原核生物界

無細胞核及胞器，遺傳
物質散布在細胞質中

原核生物

───────────────

真核生物

遺傳物質在細胞核中

病　　毒

病毒構造非常簡單，不完
全符合生物體的定義，因
此不歸類在五界中的任何
一界。

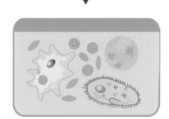

原生生物界

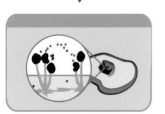

菌物界

植物界

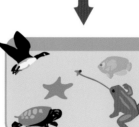

動物界

細　菌

細菌與人類的關係，除了會引起疾病外，有些細菌對人體有益，如人體大腸內的大腸桿菌，可分泌維生素供人體利用。

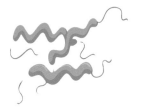

球菌　　　　　　　　　螺旋菌　　　　　　　　桿菌
（coccus）　　　　　（spirillum）　　　　　（bacillus）
葡萄球菌　　　　　　　幽門螺旋菌　　　　　　枯草菌

藍　綠　菌

藍綠菌具有葉綠素，可行光合作用，在自然界中扮演生產者的角色，又稱藍綠菌。

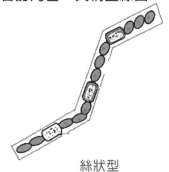

單細胞型　　　　　　　群體型　　　　　　　　絲狀型
（unicellular）　　　（colonial）　　　　（filamentous）
色球藻　　　　　　　　棋盤藻；微囊藻　　　　顫藻；念珠藻

原生動物

1 有些具有鞭毛或纖毛幫助運動。

2 有些原生生物兼具植物和動物的特性，有光時可行光合作用，在黑暗中則攝取環境中的養分，如眼蟲。

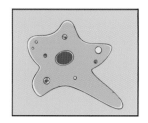

變形蟲
利用偽足作為運
動構造

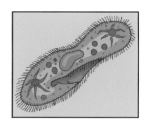

草履蟲
細胞周圍布滿細
短的纖毛

眼蟲
含葉綠體，可行光合
作用，鞭毛為其運動
構造

原　生　菌

原生菌類是生態系中重要的分解者，如常生長在枯枝落葉上的黏菌；或生活在淡水水域中的水黴菌。

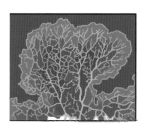

黏菌

藻　　類

藻類具葉綠體及細胞壁，可行光合作用，其外形變化頗大，由單細胞個體至長達數十公尺的多細胞大型海藻都有。

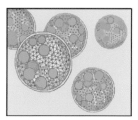

團藻

紅　藻

洋菜由紅藻提煉而來，可應用在布丁或是培養細菌的培養基的製作。例如：紫菜、石花菜。

褐　藻

於海洋中能形成如陸地森林模樣，提供許多海洋生物棲息與覓食場所的是褐藻。例如：昆布、海帶。

綠　藻

為植物界生物的演化起源。
例如：石蒓。

矽　藻

細胞壁於顯微鏡觀察下有各式花紋的是矽藻。

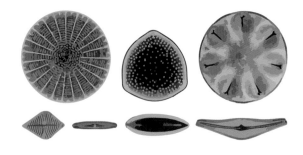

經由監測水庫、湖泊與河川中藻類的種類和數量可了解水域環境的好壞。

菌物界的生物體通稱為真菌，細胞具有細胞壁，但無葉綠體，大多為多細胞個體，由絲狀的菌絲構成。

| 黴　　菌 |

1 具不同顏色的孢子。例如：黑黴具黑色孢子、青黴有綠色的孢子。
2 黴菌可提煉出青黴素(又稱盤尼西林)，為抗生素的一種，可抑制細菌生長。
3 有些黴菌可致病，如：香港腳、灰指甲。

| 酵　母　菌 |

無菌絲，行出芽生殖，獲得能量的方式有 2 種：
①無氧下：行發酵作用，將糖分解產生二氧化碳和酒精。
②有氧下：行呼吸作用，將糖分解產生能量、二氧化碳和水。

| 蕈　　類 |

1 俗稱「菇」，是大型真菌，肉眼可見的明顯構造稱為「子實體」。
2 香菇、靈芝、木耳、冬蟲夏草、竹笙可供食用；紅拖鵝膏有劇毒。

演　化

植物界的成員基本特徵：
1 多細胞生物。
2 具細胞壁。
3 多數具葉綠體可行光合作用。

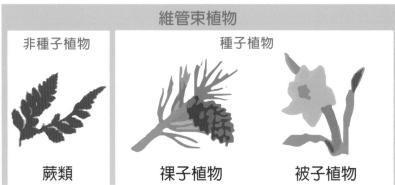

非維管束植物	維管束植物	
非種子植物	非種子植物	種子植物
蘚苔	蕨類	裸子植物　被子植物

蘚　苔

蘚苔類是最先出現在陸地的植物，外表具有角質層，可防止水分散失。
1 不具有維管束，不具有根莖葉，利用擴散作用運輸體內物質。
2 以孢子繁殖，需生長在潮溼環境。
3 代表生物：地錢、土馬騌。

地 衣

由藻類（或藍菌）與真菌之間的共生關係構成的複合
生物。通常，苔蘚植物是綠色的，並具有莖狀孢子
體。地衣通常更加灰白和蒼白，子實體通常為盤形或
杯形。

蕨類

孢子囊

孢子囊成熟後會爆開，釋放出裡面的孢子。

孢子囊堆

成熟葉的下表面常有孢子囊聚集成堆，
稱為孢子囊堆。

1 孢子繁殖，需生長在潮溼環境。
2 大型蕨類深埋地層，長時間後形成煤炭。
3 俗名不易辨識的蕨類：筆筒樹、山蘇、過
　貓、臺灣水韭。

葉

幼葉多呈捲旋狀，成熟葉片多呈羽狀複葉。

莖

莖常埋於地下，稱為地下莖。

花 粉 管

種子植物受精過程不需以水為媒介，精卵結合藉由花粉管，可生活於
乾燥環境，大幅增加生存競爭力。

裸子植物

生殖器官為毬果，由許多鱗片組成，有雌、雄之分，內有種子。
種子裸露，無果實包被；葉多呈針狀，故又稱為針葉樹。
松、杉、柏、檜、蘇鐵及銀杏等。

種子有翅，可以隨風傳播。

雄毬果

雌毬果

被子植物

被子植物會開花，故又稱開花植物，生殖器官為花，種子外面有果實保護。

| 一枚子葉 | 維管束散生 | 葉脈平行 | 花瓣數為 3 的倍數 |

單子葉植物 例如：竹、玉米、稻、椰子、百合、蘭花。

雙子葉植物 例如：牡丹、玫瑰、大花咸豐草、芹菜。

| 兩枚子葉 | 維管束環狀排列 | 葉脈網狀 | 花瓣數為 4 或 5 的倍數 |

均為多細胞，不具細胞壁及葉綠體，必須由外界獲得養分。

非脊索動物

刺絲胞動物門

棘皮動物門

扁形動物門

軟體動物門

環節動物門

節肢動物門

脊索動物

魚類

鳥類

兩生類

哺乳類

爬蟲類

圖解國中生物

刺絲胞動物門

身體呈囊狀，具有一個消化腔，對外有一個開口，口的周圍有觸手，具刺絲胞，用於捕食及防禦。

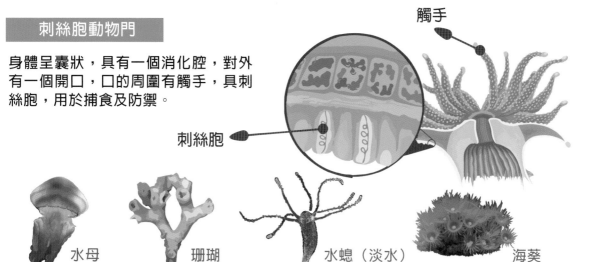

觸手

刺絲胞

水母　　珊瑚　　水螅（淡水）　　海葵

棘皮動物門

體表有棘，體內有獨特管狀構造，其末端伸出體外形成管足，可用以移動、攝食及呼吸。

海星的腕

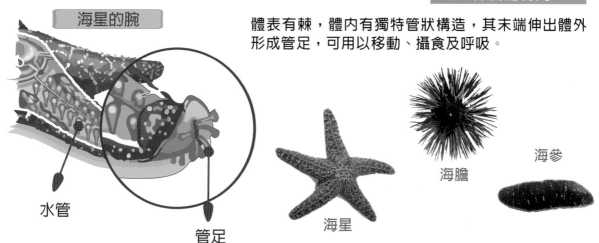

水管

管足

海星

海膽

海參

扁形動物門

兩側對稱，無環節，無體腔，無呼吸系統，無循環系統，有口無肛門。

渦蟲

吸蟲

條蟲

環節動物門

身體柔軟且分節，且每節的外形都很相似。有些種類體表具剛毛協助爬行。

水蛭

沙蠶

蚯蚓

軟體動物門

身體柔軟不分節，多數具外殼保護，故運動緩慢。

兩片外殼	螺旋外殼	退至皮下	完全退化
→牡蠣、文蛤	→蝸牛	→烏賊	→章魚

節肢動物門

動物界中種類和數量最多的一門，身體分節但各節具有不同形態，外表有堅硬的外骨骼，具保護作用。

A. 甲 殼 綱
五對步足

 蝦

 蟹

B. 蛛 形 綱
四對步足

 蠍子

 塵蟎

 蜘蛛

C. 昆 蟲 綱
三對步足

昆蟲是陸地上最普遍的節肢動物，也是唯一能飛翔的無脊椎動物。

兩對翅

 蝴蝶

 蜻蜓

 家蜂

一對翅

 蒼蠅

 蚊

無翅

  跳蚤

昆蟲的一生通常由卵孵化為幼蟲再變為成體，這一過程稱為變態。

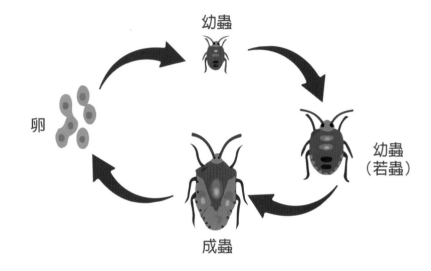

不完全變態

常見昆蟲：蝗蟲、
蟋蟀、蚱蜢、紡織
娘、蟑螂

幼蟲

卵

幼蟲
（若蟲）

成蟲

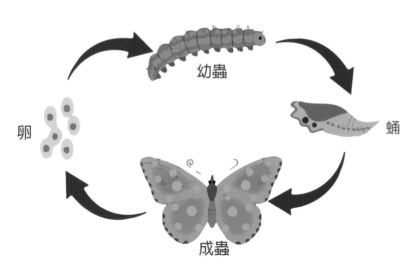

完全變態

常見昆蟲：蚊、
蠅、蝴蝶、蜜蜂、
蠶蛾、螢火蟲

幼蟲

卵

蛹

成蟲

脊索動物門以脊椎動物為主，常見的有魚類、兩生類、爬蟲類、鳥類及哺乳類。

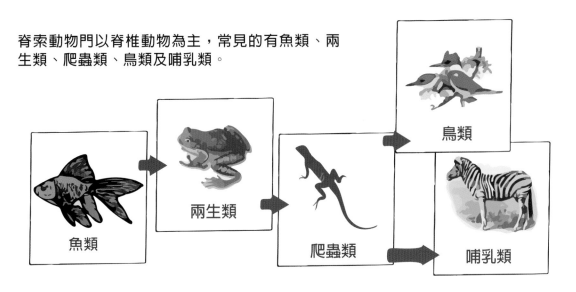

	魚類	兩生類	爬蟲類	鳥類	哺乳類
呼吸構造	鰓	幼體：鰓 成體：肺	肺	肺	肺
受精方式	多數體外受精	體外受精	體內受精	體內受精	體內受精
受精卵發育方式	多數卵生	卵生	多數卵生	卵生	多數胎生
卵殼有無	✕	✕	✓	✓	—
體溫恆定與否	外溫	外溫	外溫	內溫	內溫
適應陸地生活	不適應	部份適應	完全適應	完全適應	完全適應

軟骨魚綱

1 軟骨，具鰓裂。
2 常見為鯊魚、魟。

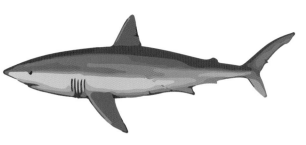

鱗片型態

硬骨魚綱

1 硬骨，具鰓蓋。
2 海馬、彈塗魚、多數魚類。

魚鰾

硬骨魚具有魚鰾，可以控制沉浮狀態。

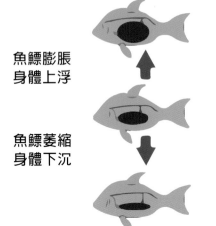

魚鰾膨脹
身體上浮

魚鰾萎縮
身體下沉

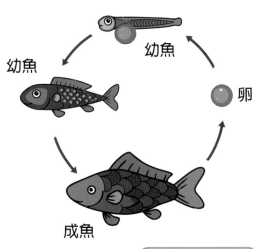

幼魚

幼魚

卵

成魚

生命週期

兩生類

幼體用鰓呼吸，成體用肺呼吸，但肺發育不全，須仰賴皮膚協助呼吸，而由於其皮膚無法防止水分散失，故必須生活於潮溼處。

例如：蛙、蟾蜍、娃娃魚、山椒魚、蠑螈

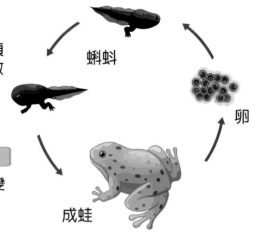

蝌蚪

卵

成蛙

假交配

生命週期

成蛙需經歷變態過程。

有類似交配行為，但仍為行體外受精，需返回有水的地方。

爬蟲類

體表具有防止水分散失的鱗片與骨板，且卵有蛋殼保護，能完全生活在乾燥的陸地；為外溫動物，大都分布於溫暖的地方。

例如：蛇、龜、鱷、蜥蜴、壁虎

鳥類的羽毛，能協助飛翔，且具有保溫的
功能，屬於內溫動物。
例如：麻雀、雞、鴨、企鵝
企鵝和鴕鳥則是形態特殊，不會飛行的鳥
類。

飛行能力

前肢特化為翼，
用以飛行。

體覆羽毛

肺
氣囊

氣囊延伸

肺部延伸出許多氣
囊，除協助呼吸，
也有助飛行。

孵卵

瞬　膜

視力銳利，具有透明的瞬膜，
其閉起時眼睛仍能看到東西。
故鳥類飛行時可閉起瞬膜，保
護眼睛。

用肺呼吸，體溫屬內溫，體表有毛髮，母體能分泌乳汁餵哺幼兒。
例如：鯨、海豚、蝙蝠、牛、人

肺呼吸

分泌乳汁

根據生殖方式，哺乳動物可以分為
三大類型：

141

A. 卵　生

有殼卵

針鼴

鴨嘴獸

B. 有袋胎生

育兒袋

無尾熊

袋鼠

C. 完全胎生

胎盤

子宮

狗

人

10-1 分類階層

附表為林懂列出家燕及家雨燕的分類資料，他推論「家燕和家雨燕在分類上為不同科的生物」，依生物分類階層的概念，林懂最可能是根據表中的哪一項內容作出推論？【105會考】　　ANS：B
(A)綱　　(B)目
(C)屬　　(D)種

分類階層＼鳥類名稱	家燕	家雨燕
綱	Aves	Aves
目	Passeriformes	Apodiformes
屬	*Hirundo*	*Apus*
種	*rustica*	*nipalensis*

由表中可知家燕和家雨燕同綱而不同目，可知兩者在目以下的分類階層包含目、科、屬、種皆都不同，所以應是由目不同而作出不同科的推論。因此最佳答案選(B)。

10-1 同種定義

橘子蒐集有關「櫻花鉤吻鮭」與「次高山鱒」的資料，整理後如附表。依生物學同種生物的概念，橘子可根據表中哪一項判斷這兩者為同種生物？　　ANS：D
(A)俗名　　(B)屬名　　(C)主食　　(D)生殖

俗名	櫻花鉤吻鮭	次高山鱒
屬名	*Oncorhynchus*	Oncorhynchus
主食	水棲昆蟲的幼蟲	水棲昆蟲的幼蟲
生殖	和次高山鱒交配可生出具有生殖能力的子代	和櫻花鉤吻鮭交配可生出具有生殖能力的子代

(A)生物的俗名有很多種，並無法據以判斷是否為同種生物；(B)屬名相同，還需視種名是否相同，才能判斷這兩者為同種生物；(C)主食相同並無法判斷，因不同種生物也可能主食相同；(D)同種生物能經由交配產生具有生殖能力的後代，所以可判斷為櫻花鉤吻鮭與次高山鱒為同種生物。因此最佳答案選(D)。

10-5 菌物界

某篇介紹生質能源的文章中，其中一段文字為：「可利用某種真菌類的生物，將醣類含量高的玉米分解以產生酒精。」下列何者最可能是此段文字中所提到的生物？　　ANS：C
(A)黏菌　　(B)藍綠菌　　(C)酵母菌　　(D)大腸桿菌

(A)黏菌為原生生物；(B)藍綠菌和(D)大腸桿菌皆為原核生物；(C)酵母菌為真菌。醣類物質可以藉由酵母菌進行發酵作用，將醣類分解產生二氧化碳和酒精。因此最佳答案選(C)。

10-5

偏側蛇蟲草菌可感染特定種類的螞蟻，被感染的螞蟻會逐漸死去，而蟻屍的外殼會保護偏側蛇蟲草菌的生長。在螞蟻死後，此菌將會繼續在螞蟻體內生長，並從蟻屍的某些部位長出菌絲，如圖所示，待成熟後即釋放孢子，繼續感染附近的螞蟻。根據本文，推測偏側蛇蟲草菌與下列何者的親緣關係最接近？
(A)蕨類
(B)藍綠菌
(C)酵母菌
(D)節肢動物 【107會考】 ANS：C

菌絲

蟻屍

由題目中敘述可知偏側蛇蟲草菌會長出菌絲，並且以孢子繁殖子代，此為真菌界生物的重要特徵。
(A)為植物界；(B)為原核生物界；(C)為真菌界；(D)為動物界。因此最佳答案選(C)。

10-7

小凡閱讀專門介紹臺灣維管束植物的書籍，她從此書中最可能無法獲得下列何者的詳細資料？
(A)裸子植物 (B)被子植物 (C)蘚苔植物 (D)蕨類植物 ANS：C

(A)裸子植物、(B)被子植物與(D)蕨類植物皆屬於維管束植物，僅(C)蘚苔植物屬於無維管束植物。
因此最佳答案選(C)。

10-7

化石證據顯示，古生代石炭紀的地球上遍布高大的羊齒類植物，此類植物有維管束，以葉背面孢子囊堆中繁殖。在現今的分類系統下，下列何者與這些羊齒類植物親緣關係最接近？ ANS：A
(A)筆筒樹 (B)杜鵑花 (C)蘇鐵 (D)地錢

羊齒類植物有維管束，葉背面有孢子囊，所以可知羊齒類植物為蕨類植物。(B)杜鵑花為種子植物，有維管束，以種子繁殖；(C)蘇鐵為裸子植物，有維管束，以毬果繁殖；(D)地錢為蘚苔植物，沒有維管束，以孢子繁殖。因此最佳答案選(A)。

10-7

某研究機構估計出臺灣各類別的植物物種數量百分比，如附表所示。根據此表分析，下列何者所涵蓋的物種數量百分比最合理？
(A)雙子葉植物占61.5%　　　　　【103會考】　　ANS：B
(B)不會開花的植物占38.5%
(C)沒有維管束的植物占37.0%
(D)可產生果實的植物占63.0%

類別	物種數量百分比
蘚苔植物	26.1%
蕨類植物	10.9%
裸子植物	1.5%
被子植物	61.5%

(A)被子植物依子葉數量可以區分為單子葉植物和雙子葉植物，由表中並無法得知雙子葉植物所占的百分比；(B)表中只有被子植物會開花，蘚苔植物、蕨類植物、裸子植物都不會開花，所占百分比為26.1%＋10.9%＋1.5%＝38.5%；(C)表中只有蘚苔植物是沒有維管束的植物，所占百分比為26.1%；(D)表中只有被子植物可以產生果實，其所占百分比為61.5%。因此最佳答案選(B)。

10-9

附圖為不同生物局部外形示意圖及其特徵。若將甲、乙、丙分為一組，丁為另一組，則下列何者是此分類的依據？　　　ANS：B
(A)是否具有果實
(B)是否具有葉綠體
(C)是否利用孢子繁殖
(D)是否利用種子繁殖

甲	乙	丙	丁
有花朵	有孢子囊	有毬果	有菌絲

由圖可得知，甲為種子植物，乙為蕨類植物，丙為裸子植物，丁則是真菌類生物。(A)(C)(D)只有甲具有果實，乙、丁具有孢子，而丙只具有種子，故非此題目分類的依據；(B)甲、乙、丙三者皆為植物具有葉綠體，丁則沒有葉綠體，所以可以用「是否具有葉綠體」來作為分類依據。因此最佳答案選(B)。

圖解國中生物

10-10

橘子的爸爸拿了一張貴賓券邀全家一同去欣賞油桐樹花下音樂會，券上印有油桐樹的花，如右圖。下列關於油桐樹的敘述何者正確？　　ANS：A
(A)能結果實
(B)不具有形成層
(C)維管束為散生狀
(D)屬於單子葉植物

貴賓券

(A)開花植物能產生果實；(B)(C)(D)油桐樹的花為五瓣，為雙子葉植物，葉脈為網狀脈、維管束環狀排列、具有形成層。因此最佳答案選(A)。

10-10

「無根萍」是原產於臺灣的浮水植物，個體極小，且無根、莖、葉之分，僅有類似葉的構造浮於水面。此外，植株內具有雄蕊及雌蕊，可開花結果繁殖後代，不過無根萍主要繁殖子代的方式，是利用植株一端所長出的小芽。當小芽成熟後，會離開母體而沉入水底，幾天之後再浮出水面長成新的個體。根據本文推論，無根萍是屬於下列哪一類植物？【105會考】　　ANS：D
(A)蘚苔植物　　(B)蕨類植物　　(C)裸子植物　　(D)被子植物

由無根萍可開花結果，所以應為被子植物，而蘚苔植物、蕨類植物和裸子植物皆不會開花及結果。因此最佳答案選(D)。

10-6

將某生物放置於有水的透明容器中，密封後給予陽光照射，並開始記錄容器內氧氣的含量變化，結果如附圖所示。根據此圖推測，此生物最可能是下列何者？　　ANS：B
(A)珊瑚　　(B)矽藻　　(C)酵母菌　　(D)大腸桿菌

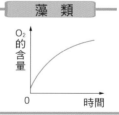

由附圖可知，隨著時間經過，容器內的氧氣含量會逐漸變多，故可知某生物可行光合作用、產生氧氣，所以應為(B)矽藻（屬於藻類）。而(A)珊瑚（屬於刺絲胞動物）、(C)酵母菌（屬於真菌）和(D)大腸桿菌（屬於細菌）都無法行光合作用。因此最佳答案選(B)。

圖解國中生物

10-11 　　　　　　　　　　　　　　　動物界

附表為海中四種動物的代號、名稱及特徵，若要以脊椎骨的有無作
為分類依據，則下列哪一分類結果最合理？
(A)一組為甲、乙；另一組為丙、丁　　　【104會考】　　ANS：D
(B)一組為甲、丁；另一組為乙、丙
(C)一組為乙；另一組為甲、丙、丁
(D)一組為丙；另一組為甲、乙、丁

代號	名稱	特徵
甲	海蛇	具鱗片以肺呼吸
乙	海鰻	具鱗片以鰓呼吸
丙	海兔	身體柔軟不分節
丁	海牛	母體可分泌乳汁

甲(海蛇)具有鱗片及肺，為爬蟲類的特徵；乙(海鰻)具有鱗片與鰓，為魚類的特徵；丙(海兔)身體柔
軟不分節，為軟體動物的特徵；丁(海牛)可分泌乳汁，為哺乳類的特徵。其中甲、乙、丁皆屬於脊椎
動物，所以丙(海兔)一組，甲(海蛇)、乙(海鰻)、丁(海牛)一組。因此最佳答案選(D)。

10-11 　　　　　　　　　　　　　　　動物界

如附圖，每個圓圈代表一類動物的所有特徵，圓圈重疊處代表不同類動物共同
具有的特徵。下列何者最可能是圖中灰色陰影所代表的特徵？　　ANS：A
(A)具有脊椎骨　　　　　　(B)具有細胞核
(C)身體有分節　　　　　　(D)可利用管足運動

圖中灰色陰影代表爬蟲類才具有的特徵。(A)爬蟲類屬於脊椎動物，而棘皮動物和節肢動物皆不具有
脊椎骨；(B)三類動物的細胞皆具有細胞核；(C)三類動物中，僅節肢動物的身體有分節；(D)三類動物
中，僅棘皮動物可利用管足運動。因此最佳答案選(A)。

10-14 　　　　　　　　　　　　　　　節肢動物

假設林懂在探險途中遇見一種奇異的生物，其特徵如下：(一)頭部具有三對附肢；(二)以針狀口器攝
食，排泄物則由肛門排出；(三)身體細長，可分為五個體節；(四)身體側面有十對步足，可以快速行
走。依照目前使用的動物分類原則，這種生物最可能被歸在下列哪一類？　　ANS：D
(A)軟體動物　(B)棘皮動物　(C)脊椎動物　(D)節肢動物

依據(二)的條件可得知此生物不屬於無肛門的刺絲胞動物門、扁形動物門及棘皮動物門和無針狀口器
的脊椎動物門；特徵(一)(三)(四)條件皆為節肢動物門的特徵，由此可以得知此生物屬於節肢動物門。
因此最佳答案選(D)。

10-16

脊椎動物

圖為某園區內的標示牌。根據此圖，若林懂想將此組標示牌再加上「外溫動物區」及「內溫動物區」，關於此想法是否適當及其原因，下列說明何者最合理？【107會考】　　　ANS：C

(A)適當，左方全為外溫動物，右方全為內溫動物
(B)適當，左方全為內溫動物，右方全為外溫動物
(C)不適當，左方全為外溫動物，但右方不全為內溫動物
(D)不適當，左方全為內溫動物，但右方不全為外溫動物

左方　　　右方

魚類
兩生類

哺乳類
爬蟲類

圖中魚類、兩生類與爬蟲類為外溫動物，哺乳類為內溫動物。因此最佳答案選(C)。

10-18

兩生類

有一動物的體表光滑溼潤，具有四肢及長尾，常於夜晚出沒於溪流旁的苔蘚地上，其幼體利用鰓呼吸，這種生物最可能是下列哪一種動物？　　　ANS：B

(A)魚類　　　(B)兩生類　　　(C)鳥類　　　(D)爬蟲類

魚類及鳥類並不具有四肢及長尾，而兩生類幼體以鰓呼吸，鳥類及爬蟲類幼體也是利用肺呼吸，所以可以判斷這種生物最有可能的是兩生類動物。因此最佳答案選(B)。

第十一單元

生態系與交互作用

生態系組成

族群指同一時間裡，生活在同一環境的同種個體。
同時生活在同一空間的各種生物的族群，合稱為群
集（群落）。

| 個體 | 族群 | 群集（群落） | 生態系 | 生物圈 |

影響族群大小的因素有出生、死亡、遷入、遷出。在
一區域內所能供養之單一物種族群的最大個體數，就
是該地區對此物種族群的負荷量。

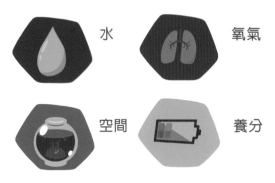

水　　氧氣

空間　　養分

環境負荷量

環境負荷量

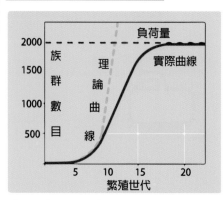

族群數量並非可以無限制的增
加，當數量到達一定量時，會因
為環境的負荷量，而使整個數無
法再提升。

生產者　主要以光合作用取得有機養分，獲得
能量，也稱為自營生物。

A.光合自營：直接利用日光進行光
　　　　　　合作用，如藍綠菌、藻
　　　　　　類、綠色植物

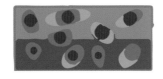

B.化學自營：將無機物轉化成有機物，如硝化菌，硫化菌

消費者　透過攝食與消化作用取得能量。

原生動物、動物界。捕蟲植物主要為生產者，也可攝食昆蟲，
補充氮元素。

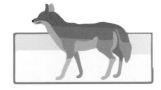

分解者　透過分泌酵素，將有機物進行分解作用取得能量，並
將有機物質轉換為無機物質釋放至環境中。

腐生細菌、腐生真菌

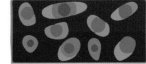

蕈類、黴菌

圖解國中生物

食 物 鏈

生態系中的生物，基於吃與被吃的單向食性關係，稱為食物鏈。食物鏈中以生產者為食的消費者稱為初級消費者，以初級消費者為食的則是二級消費者。

生產者　　　　初級者消費者　　　　次級者消費者　　　　三級者消費者

食 物 網

由於生態系中，通常是有許多動植物共同生存，同一種生產者可被許多不同的消費者攝食，而同一消費者也常有不同的食物來源，如此錯綜複雜的關係，相互聯結形成食物網。

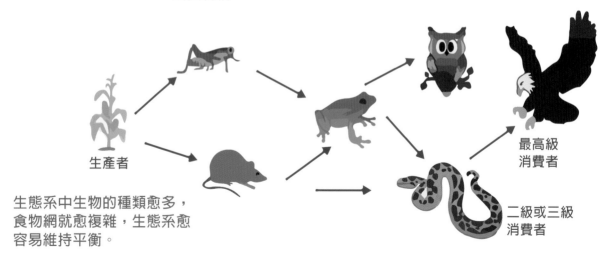

生產者

最高級
消費者

二級或三級
消費者

生態系中生物的種類愈多，食物網就愈複雜，生態系愈容易維持平衡。

共 生
兩種生物共同生活在一起的現象，稱為共生。

片利共生
鯨魚與藤壺

對一方有利，另一方無利也無害。
例如：樹上的蘭花、山蘇附著於樹上。

互利共生
蜜蜂與花朵

對彼此都有利。
例如：海葵與小丑魚、蚜蟲與螞蟻、榕果小蜂與榕樹、石珊瑚與藻類。

寄生
狗與蝨子

對一方有利、另一方有害。
例如：小繭蜂寄生於鳳蝶幼蟲、菟絲子吸收其他植物體的養分、人與寄生蟲。

153

掠 食
掠食是一種動物花費力氣去捕捉另一種動物以作為食物來源。獲得食物而存活者稱為掠食者，另一方則被稱為獵物。

獵物　　　　　　　　　掠食者

競 爭
生物間為了生存、繁衍後代而爭奪食物、陽光、棲地等有限環境資源的現象。

能量金字塔

將生物體所獲得的總能量按食物鏈的順序排列所構成的圖形稱為能量金字塔。

轉移效率

能量在生物間的轉移效率不高，在傳遞的過程中會有部分能量被消耗或以熱能的形式散失。食物中只有約10％可傳遞給另一階層的生物。

因為能量在傳遞的過程效率較低，可負荷的生物數量較少，因此，愈高階層的生物個體數量遞減。

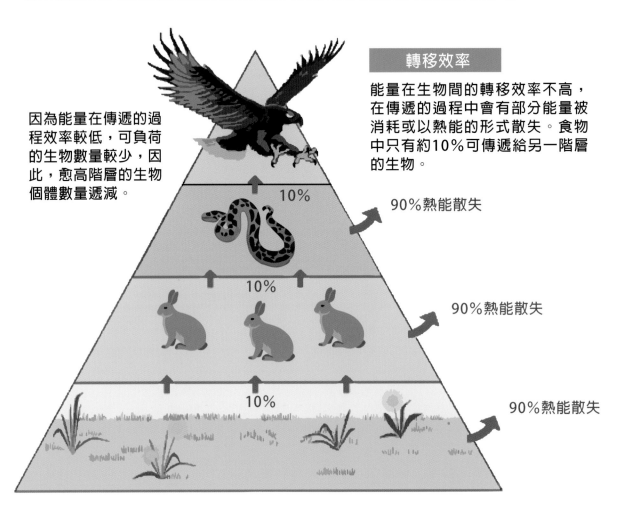

10％

90％熱能散失

10％

90％熱能散失

10％

90％熱能散失

DDT的濫用曾經造成了一些類別的猛禽，其體內的DDT濃度比河流裡面的高一百多萬倍，導致產的卵太軟，容易破裂，無法孵化。

生物累積作用

當環境中的有毒物質進入生物體且無法被分解或排出體外時，則食物鏈每上升一級，生物體內毒素的含量就會提高一些。

DDT汙染土壤、水源

【透過食物鏈的傳遞】

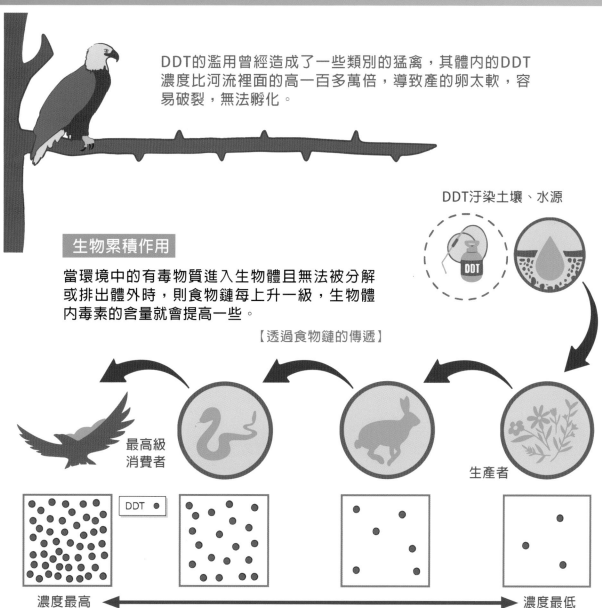

最高級消費者

生產者

DDT

濃度最高 ← → 濃度最低

水蒸氣上升，因溫度下降而凝結或凝固成小水滴及水晶。

水 循 環

自然界中的水藉著蒸發、凝結和降水，在大氣、海洋和陸地間不斷循環的過程，被稱為水循環。水循環的原動力來自於太陽的能量。

凝結成雲

蒸發
水變成
水蒸氣

降水
水以降雪或降雨形式落至地表。

圖解國中生物

燃燒化石燃料所釋放出的二氧化碳使的溫度效應加劇，全球平均氣溫上升。

碳 循 環

植物以光合作用利用大氣中的二氧化碳產生可供生物利用的能量，生物再以呼吸作用，或分解者分解生物遺骸將碳釋回自然環境中。

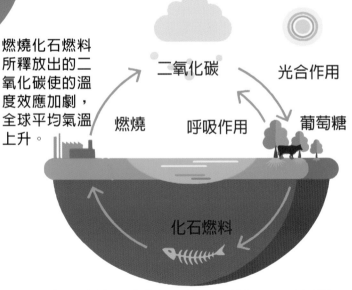

二氧化碳　光合作用

燃燒　呼吸作用　葡萄糖

化石燃料

化石燃料的型式有 3 種：天然氣、石油及煤。

氮 循 環

大氣中的氮，經閃電或透過與豆科植物共生的根瘤菌，進入植物體和土壤內，經生物利用、分解又回到大氣中。

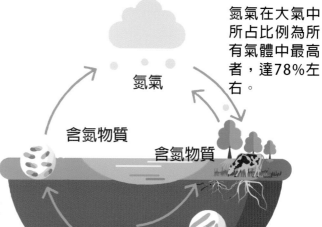

氮氣在大氣中所占比例為所有氣體中最高者，達78%左右。

氮氣

含氮物質

含氮物質

固氮作用

優 養 化

又稱作富營養化，是指湖泊、河流、水庫等水體中氮、磷等植物營養物質含量過多所引起的水質汙染現象。

① 水體中氮、磷營養物質的富集
② 引起藻類及其他浮游生物的迅速繁殖
③ 水體溶解氧含量下降
④ 造成植物、水生物和魚類衰亡

● 含氮物質
● 含磷物質

正常狀況下，環境中所產生的氮磷物質恰好被水中生物使用完畢，水質穩定。

過多的氮磷物質排入水中，無法即時利用完畢，造成藻類等大量增生。

11-1

當某一生態系達到平衡時，下列相關敘述何者最合理？　【105會考】　ANS：B
(A)物質不再有循環利用的現象　　　　　(B)引進外來種繁衍會改變原來的平衡
(C)群集群落中的每一族群出生數目等於死亡數目　(D)消費者所得的總能量和生產者所含的總能量相同

(A)(D)生態系的平衡是指各族群的個體數量達到穩定狀態，而與物質循環和能量傳遞存在比較沒有關聯；(C)還需要考慮遷入與遷出的數目變化。因此最佳答案選(B)。

11-5

將某一食物鏈中生產者及不同階層的消費者所含之總能量繪製成圖，如附圖所示。已知此食物鏈中有一種僅以種子為食的鳥類，則此種鳥類應屬於下列哪一階層？【106會考】　ANS：C
(A)甲　(B)乙
(C)丙　(D)丁

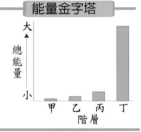

食物鏈在傳遞能量的過程當中，每一個階層只有大約1/10的能量會向上傳遞，其餘的皆轉變為熱能而散失。此食物鏈順序應為丁→丙→乙→甲，丁為生產者，丙為初級消費者，乙為二級消費者，甲為三級消費者。只以種子為食的鳥類為初級消費者，應該屬於丙階層。因此最佳答案選(C)。

11-4

附表為生活在南極的動物及其食物來源，根據此表判斷，下列有關這些動物之間交互關係的敘述，何者最合理？
(A)虎鯨和藍鯨為捕食關係　　　　【106會考】　ANS：A
(B)虎鯨和藍鯨為競爭關係
(C)帝王企鵝和阿德列企鵝為捕食關係
(D)帝王企鵝和阿德列企鵝為競爭關係

動物名稱	食物來源
虎鯨	藍鯨、海豹
藍鯨	磷蝦
帝王企鵝	小魚、烏賊
阿德列企鵝	磷蝦

(A)(B)虎鯨以藍鯨為食，而且沒有競爭共同的食物來源，所以應該為捕食關係；(C)(D)從表中可以看出帝王企鵝和阿德列企鵝並沒有互為食物來源，也沒有共同的食物來源，所以不屬於捕食或競爭關係。因此最佳答案選(A)。

11-8

圖右為某生態系中氮循環的部分過程，甲、乙分別代表微生物吸收、釋出含氮物質的作用，丙、丁代表在生物間轉換的含氮物質，關於甲～丁的推論，下列何者最合理？　　　【108會考】　　ANS：D

(A)甲：呼吸作用
(B)乙：光合作用
(C)丙：葡萄糖
(D)丁：蛋白質

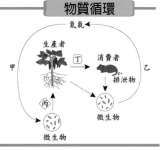

物質循環

(A)甲是微生物吸收氮氣，轉換成植物可利用的形式，而非呼吸作用；(B)乙是微生物分解動物的排泄物或生物遺體之後，使氮元素回到大氣中，而非光合作用；(C)葡萄糖並非含氮物質。因此最佳答案選(D)。

第十二單元

人類與環境

陸域生態系可依雨量、氣溫和光照時間等因素區分為森林、草原和沙漠等不同的生態系。

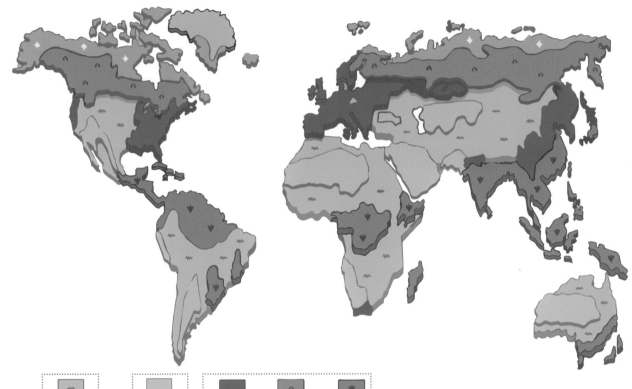

草原	沙漠	溫帶落葉林	針葉林	熱帶雨林
草原生態系年雨量 <250mm	沙漠生態系年雨量介於 250mm~ 750mm	森林生態系年雨量 >750mm		

森林生態系

1 年雨量最多
2 生物種類多
3 生態系穩定

高大樹木、蘚苔植物、蕨類
昆蟲、爬蟲類、鳥類、哺乳類

植物種類
動物種類

草原生態系

植物種類 草本植物

動物種類 善奔跑的草食動物、肉食、穴居動物

1 雨量次之
2 常分布於內陸地區
3 夏季炎熱、冬季寒冷

163

1 年雨量最少
2 乾旱、晝夜溫差大
3 生物種類少

耐乾旱植物，如：仙人掌
昆蟲、具鱗片動物、跳鼠、駱駝

植物種類
動物種類

沙漠生態系

水域生態系占地球表面積70%依所含鹽量的差異，分為海洋生態系、河口生態系和淡水生態系等三大類。

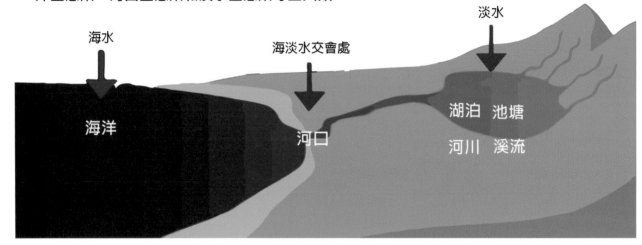

淡水

海水

海淡水交會處

海洋

河口

湖泊 池塘
河川 溪流

淡水生態系

靜止水域
1 湖泊、池塘、潭
2 溶氧量少

浮游藻類、大型水生植物 **主要生產者**

種類與數量較流動水域多 **主要消費者**

流動水域
1 河川、溪流
2 溶氧量高
3 下游汙染較嚴重、生物種類數量少

藻類、水生植物 **主要生產者**

1 以岸邊落葉、枯枝為食 **主要消費者**
2 種類與數量較靜止水域少

| 主要生產者 |
浮游藻類、耐鹽植物，如紅樹林。植物先被分解成碎屑才被消費者攝食。

| 主要消費者 |
軟體動物、節肢動物及魚類等。

| 河口生態系 |

1 土壤缺氧但富含養分，也容易累積汙染。
2 鹽度與水溫受潮汐影響，變化大。
3 生物種類少，但數量多。
4 食物網複雜，渡冬候鳥的棲息地，如黑面琵鷺會在七股的溼地過冬。

臺灣紅樹林植物：包括水筆仔、五梨跤和海茄苳等。水筆仔具有支持根，可防止被海浪沖走；葉子有排出過多鹽分的功能，並發展出胎生苗，有利於幼苗發育。

海水生態系

淺海區

潮間帶至水深200公尺內

1 浮游藻類與大型藻類
2 生產者種類與數量多
消費者種類與數量多

大洋區

水深 > 200公尺

透光區

浮游藻類
魚類、小型節肢動物

不透光區

無綠色植物
以生物屍體為食物的動物

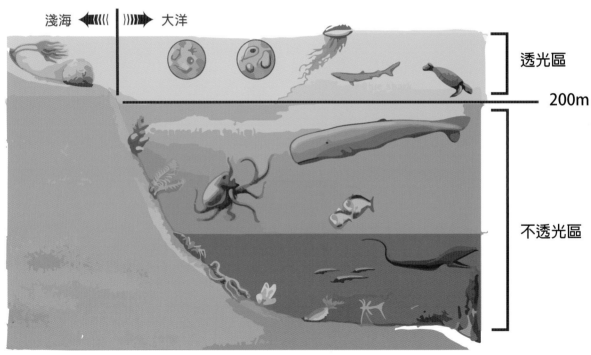

深海中有一些小型火山噴出口，持續湧出大量熱泉，其中富含硫化氫，
吸引大量硫化菌，產生以化學自營菌為生產者的生態系。

國際規約

拉姆薩公約　為了保護溼地而簽署的，於1971年在伊朗的拉姆薩簽署。

生物多樣性公約　目的是使生物多樣性得以保護和可持續發展。它於1992年巴西里約熱內盧簽署。

華盛頓公約　主旨在管理瀕臨絕種野生動植物的國際貿易，1973年6月21日於美國華府簽署。

保 護 區

目前規劃的保護區依管理的嚴格程度可區分為三大類。

自然保留區　是農委會依《文化資產保存法》所劃定公告。管理最為嚴格，僅供學術研究及教育目的使用。

國家公園
國家自然公園　是內政部營建署依《國家公園法》所劃定公告，是為了保護國家特有的自然風景、野生物及史蹟。

一般保護區　依《森林法》，為維護森林生態環境，保存生物多樣性，並依其資源特性，管制人員及交通工具入出。

金門國家公園

陽明山國家公園

澎湖南方四島國家公園

雪霸國家公園

太魯閣國家公園

台江國家公園

玉山國家公園

東沙環礁國家公園

墾丁國家公園

↳最早成立。

國家圖書館出版品預行編目資料

圖解國中生物／林懂，陳大為著. --
二版. -- 臺北市：五南圖書出版
股份有限公司, 2024.02
面； 公分
ISBN 978-626-366-653-5（平裝）

1.CST: 生物 2.CST: 中等教育

524.36   112016131

ZC23

圖解國中生物

作　　者 ― 林　懂、陳大為(271.8)

發 行 人 ― 楊榮川

總 經 理 ― 楊士清

總 編 輯 ― 楊秀麗

副總編輯 ― 王正華

責任編輯 ― 金明芬、張維文

封面設計 ― 王麗娟、姚孝慈

出 版 者 ― 五南圖書出版股份有限公司

地　　址：106台北市大安區和平東路二段339號4樓

電　　話：(02)2705-5066　傳　　真：(02)2706-6100

網　　址：https://www.wunan.com.tw

電子郵件：wunan@wunan.com.tw

劃撥帳號：01068953

戶　　名：五南圖書出版股份有限公司

法律顧問　林勝安律師

出版日期　2020年12月初版一刷
　　　　　2024年 2 月二版一刷

定　　價　新臺幣320元

經典永恆・名著常在

五十週年的獻禮 —— 經典名著文庫

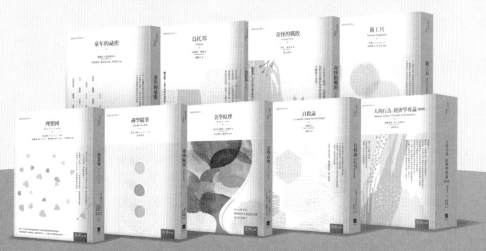

五南，五十年了，半個世紀，人生旅程的一大半，走過來了。

思索著，邁向百年的未來歷程，能為知識界、文化學術界作些什麼？

在速食文化的生態下，有什麼值得讓人雋永品味的？

歷代經典・當今名著，經過時間的洗禮，千錘百鍊，流傳至今，光芒耀人；

不僅使我們能領悟前人的智慧，同時也增深加廣我們思考的深度與視野。

我們決心投入巨資，有計畫的系統梳選，成立「經典名著文庫」，

希望收入古今中外思想性的、充滿睿智與獨見的經典、名著。

這是一項理想性的、永續性的巨大出版工程。

不在意讀者的眾寡，只考慮它的學術價值，力求完整展現先哲思想的軌跡；

為知識界開啟一片智慧之窗，營造一座百花綻放的世界文明公園，

任君遨遊、取菁吸蜜、嘉惠學子！